名师名校名校长

凝聚名师共识
回应名师关怀
打造名师品牌
培育名师群体

心理干预
在班级管理中的
有效应用

宫雪丽 / 主编

中国出版集团　现代出版社

图书在版编目（CIP）数据

心理干预在班级管理中的有效应用 / 宫雪丽主编

. — 北京：现代出版社，2022.12

ISBN 978-7-5231-0178-0

Ⅰ.①心… Ⅱ.①宫… Ⅲ.①心理干预—应用—班级

—管理 Ⅳ.①G424.21

中国版本图书馆CIP数据核字（2022）第256075号

心理干预在班级管理中的有效应用

作　　者	宫雪丽	
责任编辑	王志标	
出版发行	现代出版社	
地　　址	北京市安定门外安华里504号	
邮政编码	100011	
电　　话	010-64267325　64245264	
网　　址	www.1980xd.com	
印　　制	北京政采印刷服务有限公司	
开　　本	710mm×1000mm　1/16	
印　　张	11.25	
字　　数	180千字	
版　　次	2022年12月第1版　2022年12月第1次印刷	
书　　号	ISBN 978-7-5231-0178-0	
定　　价	58.00元	

目 录
CONTENTS

下 篇 从"心"出发
——做好班级引领者

上篇 以人为本

——营造和谐班级

青春早期，如何开展高年级学生的心理健康教育

青岛市城阳区夏庄街道丹山小学　崔艳

【问题提出】

青春期是学生从儿童向成人过渡的阶段，也是学生发展的关键时期。随着社会经济的发展，小学高年级学生生长发育速度加快，出现青春期提前现象。早恋、叛逆、情绪化等现象越来越早地发生在小学校园中。请老师们结合自己的工作实践和教育案例，一起来探讨一下，如何开展高年级学生的心理健康教育，希望在大家的交流中，我们相互学习。

【问题分析】

青春期是从童年过渡到成年非常关键的阶段，由于心理的发展速度往往跟不上身体的快速发育，青春期也相对"动荡与不安"。青春期现象最显著的是"异性效应"，所以会出现"早恋""叛逆"等问题。青春期和一个人的理想、道德、品格、文化、素质等都有密切关系，步入青春期的孩子需要来自家庭、学校、社区、师长及同伴的有效支持。

【问题研讨及解决策略】

主持人：请老师们结合班级管理中的具体案例，谈谈自己如何开展高年级学生的心理健康教育。

孙杨锋：我觉得很多困扰是因为缺乏青春期教育造成的。

教师层面：应该就青春期专门召开主题班会，围绕什么是青春期、青春期

带来了哪些生理和心理的变化，以及怎样合理应对青春期带来的问题等几个方面课下收集材料，课上深入交流讨论，让孩子通过主题班会充分认识青春期，学会正确应对青春期带来的一些问题。

家长层面：应该通过自学家庭教育专家关于青春期教育的书籍等方式指导自己的家庭教育，遇到问题采取相应的对策尝试解决。棘手的问题需要和老师共同探讨解决方案。

学生层面：可以通过和老师、家长单独诉说或周记交流等形式倾诉心里话，由老师帮他们答疑解惑。

学生在充分认识青春期之后，教师和家长再给予足够的引导，青春期带来的烦恼自然会少很多。

王慧：我认为在教育过程中，尊重信任是教育好学生的桥梁，只有掌握表扬、批评、要求和评价的分寸，循循善诱地进行教育，才能把学生的兴趣和爱好迁移到有益于学习或集体活动方面来。教育者先受教育，在教育学生的过程中，教师要处处以身作则，做学生的表率，要求学生做到的自己一定要先做到，要求学生不做的自己一定不去做，对学生要守时讲信，做到对学生严格要求决不代替关心爱护，平易近人决不迁就错误，实现师生思想的双向交流。

李萌：现在的孩子已经不是我们那个年代的孩子了，教育方法必须改进。青春期的孩子，他们身体有变化、思想有萌动，尤其小想法非常多。作为老师，我们首要的就是走进孩子的心中。每次接高年级的班，我总会分批开班会，表示对他们的理解，先攻破小团体再逐一击退个体。比如，上次有个孩子在作文中提到同性话题，一开始我并不懂这个话题是什么，后来经过查找资料和阅读相关的小说，并和这个孩子聊天，反而放松了她对我的警戒。当然面对青春期的孩子，家长可能是最头疼的，孩子时常顶嘴、赌气，这些也都正常。我经常在班级群转发育儿心得和教子的公众号，让家长也在思想上跟紧步伐。其实青春期并不可怕，可怕的是三方处理问题的方法不对。作为老师的我们要把握好处理问题的度。

韩巍：当今，随着社会的进步、生活水平的提高，尤其是网络的快速发展，孩子的叛逆期也比以前提前了。如果不讲究方式方法，那么势必会影响孩子的健康发展。处于小学高年级的孩子逐渐有了自己的想法，所以，我觉得对于孩子，首先要做的是尊重，尤其当孩子犯错误时，我们不能一味地训斥和挖苦，这样会严重伤害他们的自尊心，引发他们的叛逆情绪。另外，平时对于孩子要多讲故事，少讲道理，把我们身边的事情与他们分享，与他们交流对事情的理解和体验，也让他们谈谈自己的看法，潜移默化地给予他们正面的引导，使他们逐渐内化，学会自我调节，平缓地度过自己的叛逆期。

宫雪丽：大家提了很多对青春期学生进行心理教育的好点子，学习了！小学阶段，孩子进入青春早期，叛逆、早恋等状况也属正常，正如《少年维特之烦恼》里提到的，"哪个少年不多情，哪个少女不怀春"。所以我们需通过主题班会等形式进行集中学习教育，发现问题也宜采取个别辅导的形式解决。

提两点建议：一是"堵不如疏"。"堵"是堵不住的，越"堵"越叛逆，矛盾升级会产生不可挽回的后果。"疏"时要充分尊重孩子，缓解此事给他带来的压力，再引导正确的价值观。二是"说不如看"。这个年龄段的孩子不愿意听老师或家长多说话，说多了更听不进去，所以建议给他们推荐合适的读物。推荐一本适合他们阅读的青春期教育科普读物，让他们自己看，开开窍、启启蒙。封锁这方面知识的做法是不明智的，其实也封锁不住，孩子从非正常渠道获得的非科学性知识，我们更不放心。选一本好书，就是请来一位好老师。孩子自己阅读，自己琢磨，比咱们在一旁喋喋不休要科学多了。再或者，可以给孩子推荐一部优秀的名人传记，对于人生观正在形成的孩子来说，是生活教科书，它给予孩子感情的震撼不是一般老师和家长说教所能比拟的。让孩子从容步入小说展开的社会环境，跟随主人公的坎坷人生，一起品尝欢乐和痛苦，以纯真的心去感受美与丑、善与恶、真与伪。孩子会在书中找到自己终生崇拜的偶像。名人传记对孩子不仅有这种教育效果，而且有更大的真实性。

主持人总结：学校虽然是孩子受教育的主要场所，但父母是孩子最亲密、信任的人。青春期教育不管是对老师还是家长，都是一个敏感的问题，有一部分家长觉得很难向孩子开口，还有一部分家长不知道如何清楚地告诉孩子。家校携手从思想上、行动上真正帮助孩子轻松度过青春期，让孩子们在不知不觉中学到应该懂得的青春期知识。

【心理干预——主题班会案例】

男生女生

（一）教学目标

（1）学会正确对待青春期对异性的好感。

（2）通过活动，帮助学生认识早恋的含义及其"利"与"弊"。

（3）引导学生把爱慕化为纯洁的友谊，形成健康的异性交往观念，并能利用"异性效应"不断完善和提高自己，顺利地度过青春期。

（二）教学过程

1. 故事导入

有一个虔诚的基督徒，他一心想把儿子培养成像他一样的专心信仰上帝而没有任何其他的私心杂念。于是，他把儿子与外界隔离，以避免一切诱惑。儿子长到 16 岁，除了上帝，什么都不想。父亲想：看来儿子已经修炼成功，可以放出去了。一天，他带着儿子进城。头一次见到外面的世界，儿子一时反应不过来，很木讷。可当看到女人时，儿子眼睛为之一亮，问父亲："爸爸，这是什么？"父亲很不高兴地说："绿鹅。"傍晚要回家的时候，父亲问儿子："你想买点什么东西回去？"儿子毫不犹豫地说："我要买'绿鹅'。"

这个选自《十日谈》的故事让我们明白：人们对异性与生俱来就有一种好奇心，有想了解异性的愿望，这是一种自然的心理需要。异性交往是人类社会生活不可或缺的重要组成部分。青春期的孩子渴望、喜欢与异性同学交往，是青春期孩子心理、生理走向成熟的必然结果，是一种正常的自然表现。

2. 交往有利

接下来，我们一起来讨论一个问题：你如何看待异性之间交朋友？（预设：学生发言，异性之间交朋友能够促进学习进步，可以相互辅导对方薄弱学科；女生较细心，男生较粗心，异性之间交朋友能够使性格互补；很多活动男女搭配，可以更好地完成；等等）

是的，同学们说得很好，在学生时代，正常的异性交往是可以让我们收获很多的。

关于异性之间交朋友，我可以为你们总结以下几点。

（1）有利于智力上取长补短。心理学研究表明，男女智力虽没有高低之分，但是类型却有差别。比如在思维方面，女性往往擅长形象思维，因而更适合应用科学和形象思维占主导地位的学科；男性往往擅长逻辑思维，其思维往往是离奇、大胆的，因而更适合基础学科和抽象思维占主导地位的学科。

（2）有利于个性上互相丰富。心理学研究表明，处在集体中的个人，其交往范围越广泛，和周围生活的联系越多样，其深入社会关系的各方面就越深刻，其精神世界就越丰富，个性发展也就越全面。

（3）有利于活动中互相激励。"异性效应"是一种普遍存在的心理现象，这种效应尤以青少年为甚。所谓"异性效应"，是指有两性共同参加的活动，相较只有同性参加的活动，参加者一般会感到更愉快，表现也会更出色。这是因为当有异性参加活动时，异性之间心理接近的需要得到了满足，因而会使人获得不同程度的愉悦感，并激发起内在的积极性和创造力。

3. 情景思辨，明辨爱情

下面我们一起来看三个情景，探讨一下异性之间如何交往，选择正确的处理方式。

情景分析①：晓涵总是对同班男生王城投入过多的关注，上课时偷偷写下他的名字，课间经常去找他说话、聊天，她认为自己喜欢上了这个男孩子。

情景分析②：班里一名男生和一名女生关系很好，经常单独在一起。

情景分析③：曾经的好朋友，现在却变得疏远了，一些普通的小事，只要男生女生合作完成，大家就会在一边发出起哄声。

（1）青春的爱（喜欢不等于爱情）。

（2）青春期对异性的好感是正常心理。

（3）爱情与友情的区别。

（4）总结异性交往原则。

看来要正确处理好异性之间的关系，确实需要一些小技巧，这样才能掌握好与异性同学交往的尺度。那么通过这节课的学习，我们到底应该掌握异性交往的哪些原则呢？我概括为："真诚大方，坦然交往；彼此尊重，把握分寸。"

4. 朗诵诗歌，情感升华

同学们，在这里，老师很想送一首诗给大家，就是著名诗人汪国真的《妙龄时光》，让我们一起高声朗读。

……

5.总结全课

有一段美丽的岁月，叫青春。在青春这个美丽的季节里，总有一种关怀让我们心存感激，总有一种诱惑让我们难以割舍，总有一种放弃让我们泪流满面，我们不可能不经历这段复杂的心路历程。要知道，青春是一座引导我们走向成熟的桥，也是一条我们无法留住的岁月的河。纯洁的男女友谊是幸福与力量的源泉。友谊的花开在纯朴的心灵中，感情的蜜酿在纯净的心底。掘得越深，水越清冽；情藏得越深，爱越甘醇。愿美好甜蜜的友谊保留在幸福的记忆里，充盈在未来的岁月中。同学们，用我们青春的画笔，把我们的友谊、真诚、纯真、激情、执着、梦想都画进我们绚丽多姿的青春画卷里，祝愿大家青春无悔，友谊地久天长！

（三）活动反思

变化蕴含着成长和挑战，青春期教育不仅要引导学生科学、全面地了解身心变化，做好身心调适，更重要的是传达给学生不惧挑战、主动完善自我的积极态度。

教师为学生讲解青春期的心理特征，教会学生不仅要认清自己，对叛逆期还要具有理性的自我约束力。通过学生常见案例分析、视频展示等方法，细致、形象地诠释进入青春期后男女生所要面临的心理问题，并且教给学生对待、处理此类问题的方式和方法，帮助男生女生正确面对进入青春期后心理的变化。尤其是对于处在青春期的学生如何处理好与异性之间的关系提出一些建议，给学生提供了一些解决问题的方法，以免互相曲解，造成各种误会。

◤ 专家点评

对于青春期的学生，教师不仅要关注其生理上的变化，更要重视其心理上的变化。进入青春期后，学生自我意识逐渐增强，情感丰富易变，容易出现不自信、焦虑或逆反心理。教师要引导学生以乐观向上的态度、坦诚豁达的心胸与同学、父母、老师沟通，消除成长的烦恼，顺利度过青春期。

——青岛徐水路小学　尹超

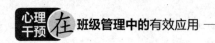

如何转化"破罐子破摔"的学生

青岛李沧路小学 宫雪丽

【问题提出】

周一早晨升旗，询问迟到学生原因，学生理直气壮地说："昨晚玩游戏时间太晚，早上起晚了。"其实，很多班级难管，问题出在类似"破罐子破摔"的学生有点多，一不小心，这些学生就给你来个"死猪不怕开水烫"，直接对你所有的批评都免疫。这样一来，你的努力再多，最终班级也会带得特别累。所以，转化这些"破罐子破摔"的学生，是我们带好班级的一个重要内容。

【问题分析】

"破罐子破摔"的学生，从心理学角度来分析，他们是陷入了习得性无助的状态。

"习得性无助"是美国心理学家塞利格曼 1967 年在研究动物时提出的。他用狗做了一项经典实验：起初把狗关在笼子里，只要蜂音器一响，就给它以难受的电击，狗关在笼子里逃避不了电击。多次实验后，蜂音器一响，在给狗电击前，先把笼门打开，此时狗不但不逃，而且不等电击出现就先倒地开始呻吟和颤抖。本来可以主动地逃避却绝望地等待痛苦的来临，这就是习得性无助。

比如，学生成绩不理想，他就会觉得自己智力不行，自己很笨，不是学习的那块料。再如，学生经历几次挫折之后，会觉得自己干什么都不行，在一次次的否定中，逐渐陷入习得性无助的状态，反正再怎么努力都不行，于是就破罐子破摔吧。那么，应该怎么帮助这些学生走出这种状态呢？

【问题研讨及解决策略】

靳艳霞：首先，我们需要和家长沟通，找到切入点，让家长先意识到家庭教育的重要性。其次，在集体中给他们一席之地，让他们感受到集体的关爱：完成一个小小的任务要及时表扬；出现错误要从正面引导他们找到突破口，以确保他们下次能做好；借助多媒体等资源在全班播放品德教育方面的微视频，从侧面让他们知道同龄学生应该具备的水平，从而润物细无声地为他们指明前进的方向，努力激发他们向上的内驱力。转化此类学生需要足够的耐心、多方协同、专业的心理疏导方式，非一日之功，非一人之力。

孙杨锋：我觉得这个就是"攻心"与"攻城"的问题。"攻心"，即把这块"石头"焐热了，激发他的内驱力和上进心，从根源上解决"破罐子破摔"的问题。"攻城"，即硬碰硬，常常"杀敌一万自损八千"，嘴上答应得好好的，过后"涛声依旧"，令人头痛不已。那么，怎么焐热他呢？我认为首先得通过私下里沟通等方式深入他的内心，弄明白"破摔"的原因。接下来，缺乏方法就给予方法的指导，缺乏自信就创造机会及时强化，因为某件事触发的心理障碍就尝试运用心理学知识进行心理干预……家校协力，齐抓共管，相信假以时日，他会有长足的进步。

李萌：孩子"破罐子破摔"是有原因的，我认为家庭教育缺失或过激是主要原因，可以从以下四个方面帮助这些孩子。（1）要把孩子当朋友。平时与孩子沟通的过程中，不要用命令的口气和他说话，要把他当朋友一样，站在他的立场，用他最喜欢的语言和他交流，在聊天的过程中把大道理用简单的语言融进去，他就爱听；如果用命令、强迫的方式让他听话，他就会反感，而在他玩得开心高兴的时候是最容易接受大人的教育的。（2）与孩子沟通要注意用语。比如："昨天作业写这么差，今天作业再写不好就罚。"这样孩子就觉得老师管教很烦，产生逆反心理。所以，和孩子沟通要注意用语，比如："老师很想看到你的一手好字，你可以的。"这样给足面子，又带有激励性的语言，他就相对容易接受。（3）多观察孩子行为，及时改变自己的方式。与孩子沟通时，有的小孩虽然不会用语言来反对老师和父母，但他会下意识地用行动或肢体语言反映出来，这时就要靠老师去观察，从孩子的眼神、肢体语言都可以看出他的心理状态，如果是很怕、很烦的感觉，老师就要改变自己的方式了，换个话题或调整一下环境。（4）还有一些青春期青少年处于心理、生理发育时期，人格发展不成熟，情绪不稳定，严重者甚至要靠专业心理干预治疗。

徐雅茜： 其实，每个孩子都有一个美丽的梦，他们在现实的生活中孜孜不倦地追求自己的梦想，但是他们不了解现实的苛刻与艰难，在遇到解决不了的问题时就会容易放弃，从而丧失自信，导致"破罐子破摔"。作为老师，我们要教会孩子了解现实中所存在的问题，并且努力地加以解决，想得到就要付出，是这个世界永远不变的法则。让孩子发展自己的强项，从而拥有自信，每个孩子都渴望能够得到周围人的认可和夸奖。我们不要吝啬对孩子的鼓励与赞扬，少些指责，这样才会让孩子的心态更加积极。当然夸赞孩子也要有充分的理由，让孩子去做自己擅长的事情，孩子做好时要加以赞赏，从而增强他们的自信心，遇到问题时也会积极地想办法解决，因为他们享受大家的赞扬，不想失去这种享受，所以他们会更加努力，做得更好。

邵娟： "破罐子破摔"型学生表现出的心理状态是指因为重复的失败或惩罚，而造成对学习生活不抱任何希望的消极行为和心理状态。这些学生不是懒惰，而是已经把对学习生活的消极无助当成了一种习惯，对老师的教育常常也是无动于衷。转化这类学生，教师要做好以下几点。（1）要与家长联系，了解学生的成长史及问题原因，这样才能对症下药。（2）要和这类学生多谈心，对学生多一点包容与理解。学生感觉到我们的包容与理解，也就更容易和我们建立良好的师生关系。（3）要多给这类学生提供一些活动平台，借机多表扬、多鼓励，让他们有成就感。（4）建立学习小组，有时候同伴的力量比老师还要强大。

韩巍： 我觉得"破罐子破摔"的孩子大致可以分为两类：一类是在内心已经把自己当成"破罐子"，即使想努力向上，但深感力不从心，索性也就放弃努力了。对于这样的孩子，我们首先要帮助他们找到突破口，找到那抹"光亮"，使其重燃内心的希望。另一类是孩子面对批评展现出的一种对抗的态度，掩饰自己脆弱的自尊心，以这样的行为言语表示自己的不满，多发于叛逆期的孩子。所以，面对这一类孩子，我们要分析其这种表现的原因，找到其软肋，端正其态度。

孙悦： 在我看来，"破罐子破摔"的孩子是典型的低驱低避，他们不渴望成功，也不惧怕失败。这种孩子大多是爱或者自尊的需求没有得到满足，因此需要一方面探寻其根源，从家庭入手，家校联合尽量去为孩子创造一个和谐友爱的环境；另一方面我们也要给予这类孩子肯定与关怀，让他们感受到爱和自尊。

主持人总结：今天的讨论中，老师们提出了很多有建设性的意见。以我班的一个"破罐子破摔"的孩子为例，我也采取了一定的措施，取得了一定的成效。首先，我采取了家校沟通的方式，与家长联系，了解孩子在家庭中的真实状态，否定他的"自我否定"。其次，我和孩子进行了一次面对面的沟通交流。通过日常观察，我挖掘出孩子身上的闪光点，并以此为契机，提高孩子的"自我认知"，帮助他找到自信。例如，他总是最早完成作业，并且愿意帮助老师做事情，于是我就给他机会，让他做我的小帮手。他认真地对待每一项任务，并能有针对性地进行总结，我就及时地进行表扬和感谢。短短两天的时间，他的脸上有了自信的笑容，虽然还偶有小错误，但我看到了他的自我克制和自我努力。教育是一项慢功夫，转化特殊学生的过程不是一蹴而就的。我相信：本着爱学生的原则，一切都将迎刃而解。

【心理干预——主题班会案例】

我自信，我能行

（一）教学目标

（1）了解自信对成长的重要作用，懂得要自信、自强，热爱生活。

（2）正确认识自己的优点和不足，为建立自信寻找支点，通过他人的积极评价，体会自信的感觉。

（3）通过活动，学会增强自信的方法。

（二）教学方法

知（认识我自己）—情（夸夸我自己）—意（接纳我自己）—行（做更好的自己）。

（三）教学过程

1. 知——认识我自己

同学们，今天我们班会的主题是"我自信，我能行"，我们先来做一个问卷。请大家用手势表示"是"或"否"。

1. 你认为自己漂亮／英俊吗？

2. 你能成为班级中出色的一员吗？

3. 你认为自己是班级中不可或缺的吗？

4. 你是否担心自己做不好某件事情？

5. 你认为自己能否实现自己的理想？

相信自己行是一种信念，也是一种力量。一句"我能行"，体现了相信自己必定成功的态度。

2. 情——夸夸我自己

（1）请你拿出一张纸，在上面写出你的才华、你的潜力、你的特长或你的爱好。

（2）优点轰炸。哪名同学不愿意接受现在的自己？请全班同学来谈谈这名同学的优点。

（3）夸夸我自己。

_____，我能行。

3. 意——接纳我自己

进入初中后，晓蓉觉得自己是这样的：学习很勤奋，做事很认真，对自认为重要的事情会前思后想，对别人很关心，在音乐方面有些天赋，在穿着打扮上比较保守……有时候，晓蓉会为自己感到骄傲，但有时候，她又很羡慕别人：别人能把她认为平淡无奇的事情神采飞扬地讲出来，并引来阵阵笑声；有时候，她会学着别人的样子讲话、做事，这又让她觉得很累。

（1）你怎么看待晓蓉的累？

（2）你认为一个人应该如何学会接纳自己、欣赏自己？

（3）要做更好的自己应该怎样去努力？

（4）一个人的潜能是无限的。你将如何更好地激发自己的潜能？

老师：用欣赏的眼光、赞美的语言看待自己的优点，用客观中肯的语言评价自己的缺陷或不足。

4. 行——做更好的自己

（1）速记比赛。

屏幕出示词语，看谁记得多。

通过比赛，你懂得了什么？

（2）游戏：节节高。

扑克牌搭高楼，看谁搭得高。

通过游戏，你明白了什么？

（3）歌曲《相信自己》，齐唱。

（四）活动反思

目前，"破罐子破摔"的学生的确有点多，他们吃喝不愁，但什么心事也没有。这节课从认知入手，先认识我自己；然后夸夸我自己，激起感情共鸣；再接纳我自己，无论好与坏，都要有正确地面对现实的勇气；最后努力做更好的自己。孩子们从态度上有了一定的转变，相信他们会不断进步。

专家点评

习得性无助表现出来的不仅是家庭教育的缺失，还有学校教育、家校沟通等方面方法的缺失。这个案例会给一线班主任、家长以很好的指导和启示。

——青岛徐水路小学 尹超

如何转化"火药桶"般的学生

青岛唐山路小学　彭芝

【问题提出】

有这样一种孩子，他们仿佛"火药桶"一般，时常因为一些小事异常暴躁，甚至大打出手，即使被别人拉开也面红耳赤、喋喋不休、不依不饶。每当我们在外开会或培训时，内心都祈祷这些"火药桶"不要爆炸。今天，我们就来聊一聊如何转化这些"火药桶"。

【问题分析】

"火药桶"般的孩子，从心理学角度来分析，他们是缺乏情绪控制能力。美国心理学家艾利斯在 20 世纪 50 年代提出了情绪 ABC 理论：A 表示诱发性事件；B 表示个体针对此诱发性事件产生的一些信念，即对这件事的一些看法、解释；C 表示自己产生的情绪和行为的结果。他认为：人的情绪是由他们自己的信念决定的，不合理的信念就会导致负向的、不稳定的情绪。今天我们就一起来研究如何帮助这些孩子。

【问题研讨及解决策略】

主持人：请老师们结合自己的教学实践，谈谈自己是如何转化这些孩子的。

靳艳霞：针对这样的孩子，首先推荐给大家一本绘本《我变成一只喷火龙了》，建议大家带领孩子一起阅读、分享，让孩子从小学会控制自己的情绪。如果孩子已经比较大，仅凭阅读恐怕难以引导，那就只能在他每一次发作时，老师在场，给予他相对安全的空间，先让他冷静下来，然后耐心引导，让他说出自己的愤懑，最后问问他："你认为还有更好的解决办法吗？"久而久之，相信一定会有所改善。如果老师外出，给这个孩子安排个特殊任务，让他在感受到老师对他的信任的同时分散他的注意力；与此同时，还需要和班干部提前沟通，让他们多多关注，尽量不要让同学们招惹"火药桶"。当然，仅凭学校的力量难以改变孩子，与家长多沟通找出根源才好。

韩巍：针对这个问题，我也推荐一本书：王意中的《正面管教》。这本书是围绕情绪管理展开的，很适合父母和老师阅读。书中阐述当孩子有情绪的时候，我们要思考情绪背后的需求是什么，是什么原因引起的这种情绪，尝试去寻找下次可以阻断这种情绪的点。同时作为父母和老师，我们更应该在孩子面前树立榜样，不要轻易发火，也要学会调节自己的情绪，让孩子的情绪慢慢平缓下来，并要及时跟家长沟通，使家长意识到问题所在，从而改进家庭教育方式。

宫雪丽：无论是老师还是家长，遇到"火药桶"一般的孩子，经常都会用长者的权威来压制孩子、教育孩子，这种教育方式是最无效的教育，治标不治本。每个孩子的个性不同、家庭不同、情绪和习惯等也不同。"火药桶"一般的孩子，属于典型的情绪管理失控，而且随着年龄的增长，已成为一种习惯。作为班主任，我们能做的是什么呢？我想主要应做好以下几点：第一，遇到孩子情绪失控时，一定要冷处理。因为此时的他听不进任何人说的任何话，所以不要急于和他辨别是非，当他冷静下来的时候，自己会认识到自己的做法是错的。他已经认识到错误的时候，我们再来交流，引导他正确处理，大家都心平气和，效果会比较好一些。第二，与家长沟通，了解孩子情绪经常失控的原因，并争取家长的支持，家校合力共同帮助孩子有效控制情绪。第三，可以给孩子推荐志趣相投的好朋友，发挥榜样示范作用，潜移默化地影响教育他。也可以有意识地创设情境，让孩子经常去帮助别人，在别人遇到困难的时候，让他去开导别人，从被教育到教育、从被开导到开导，角色发生了变化，情绪也会得到有效控制。

彭芝：的确，孩子并不是带着情绪出生的，孩子之所以有情绪是由于受环境的影响，尤其是父母及与其相处最多的人的影响，我们应该追溯不良情绪背后的原因。

宫雪丽：无论是成人还是孩子，遇到不良的情绪都需要适当发泄，只是我们的发泄时机、发泄对象、发泄途径、发泄方法不一样，所以对待"火药桶"

一般的孩子，应该允许其存在，可以适当创设发泄的情境，如找地方让他大哭一场、大吃一顿等。

徐雅茜：我很赞同宫主任说的冷处理，对好发脾气又无法说服教育的，我们不妨采取暂时不予理睬的方法，使孩子感到没有同情者，几次以后好发脾气的性格会改变过来。如果发脾气时有伤人或自伤的行为，必须加以约束和制止，或引导孩子去做其他感兴趣的事，分散注意力。等孩子情绪稳定下来后，再事后教育，因为在孩子发脾气时对其说服教育效果比较差。待孩子心情平和下来之后，再进行教育，指出其不对的地方，使其认识到自己的错误，改正不良的行为。

李萌：我认为做好以下五点对转化"火药桶"般的孩子很重要。（1）情感沟通，做孩子的知心朋友。课内课外时刻关注，及时抓住他们的闪光点，给予表扬，让他们感受到老师在关心着他们，利用适宜的时机，聆听他们的心声，了解他们的家庭情况及在学校的生活情况。（2）"冷"处理解决问题，达到事半功倍之效果。对于这些行为急躁易冲动的孩子，冷处理解决问题是最佳方法，让他们在情绪平复后自我反省，既避免了师生间产生一些不必要的冲突，又凸显了师者对学生的尊重，再伴之"情理"交融的批评教育与"自制法"指导，往往能达到事半功倍的效果。（3）同学关心，借集体的力量实施教育督促法。在班级中要求每名同学都以一颗包容心真诚与他们交朋友，让他们及时融入班集体，感受到集体的温暖、友情的可贵，通过集体的力量帮助他们慢慢克服性情的不足。（4）家校合作构建和谐一致的教育氛围。教师要加强家校联系，如果是父母的问题，要常做父母的工作；如果是孩子的问题，要力争与父母取得教育的一致性。（5）设立岗位，让他们凸显其长。每个孩子的身上都有闪光点，也都有自己的喜好和特长。教师要发现他们的长处，让他们的特长得到充分展示，帮助他们体验成就感，达到"以己之长补己之短"的效果。例如，某个同学的字写得比较好，可以有意无意地对他进行表扬与鼓励，并适时让他到黑板上来展示，渐渐地，围在他身边的身影多了起来，与同学闹矛盾的次数渐渐地少了，在期末测试中他的数学成绩考了A，获得了一学期里的一次最佳成绩。

王翠洁：确实，现在情绪不能自控、不顾身边人感受而自顾自"喷发"的孩子越来越多。如何提高我们管理孩子的能力呢？我认为，首先就是多读书，读当下关于儿童心理学方面的书，如《神奇蔬菜店——学会自我管理的情商魔法书》《和情绪做朋友》《我的妹妹是只狼》等，关注专家的案例解读。其次，应走入家庭，从滋生这些"小火龙"的家庭入手，去了解他们，挖掘他们出现这种现象的"根"，家校携手，尽可能为他们创造不一样的家庭氛围，这样就给家长提供了控制孩子情绪的方式方法，而且要不间断跟进与协调。再次，在学校当遇到孩子情绪失控或暴躁时，不要火上浇油，要冷处理，或带着孩子什么也不谈地散散步，听听舒缓的音乐，当孩子忘却了刚才的事情后，再与孩子分析以后遇到此类问题应如何处理。最后，我想说，班级氛围其实也很重要，我们要利用班会或思政课时间，教给孩子们如何换位思考、如何包容伙伴、如何融入团队，加强教育和引导。

邵娟： 教育首先是爱，让孩子感受到你是爱他的，他才会接受你的批评，"亲其师，信其道"就是这个意思。事后交流，可以谈谈你对他的希望，你对他的看重，让他觉得老师批评是真的为他好。

王慧： 我所教的毕业班的孩子正处在叛逆期，"火药桶"现象女生男生都存在。当孩子脾气爆发时，我的办法是找背后隐藏的原因。孩子因为一件看起来很小的事情突然脾气爆发，其实背后通常有更深层次的原因。这时候不要就事论事，比如说斥责孩子"这有什么可生气，你发什么火"之类，找找背后的原因，慢下来，让孩子慢慢揭示真正让他情绪爆发的原因。青春期的孩子容易过度反应的原因之一是他们的自我意识和对隐私的需求会促使他们在情感上掩饰真正的内心。真实感受的表露会让人看起来太脆弱，而这不符合一个年轻人想展示给世界的强壮、独立的自我形象。情绪的公开流露甚至可能被认为是软弱的表现。

主持人总结： 的确，就事论事，只能治标，不能治本，追根溯源，对症下药，才能标本兼治。

通过今天的研讨，我们达成如下共识：当遇到情绪不好的学生时，我们首先要让他冷静下来，再去找出他闹情绪的真正原因，然后引导他正确认识自身的情绪，最后教给他控制和缓解不良情绪的方法，帮助他学会控制自己的情绪，做情绪的主人。

【心理干预——主题班会案例】

做情绪的主人

（一）教学目标

感受不良情绪的危害，掌握化解不良情绪的方法，能正确应对不良情绪。

（二）教学方法

案例分析法。

（三）教学准备

视频片段、课件。

（四）教学过程

第一环节：观看视频，导入主题

播放"火药桶"般的孩子发脾气的视频片段，询问学生的感受，导入本课的课题——"做情绪的主人"。

第二环节：交流研讨，分析不良情绪的危害

讨论：你认为不良情绪的危害有哪些?

（1）让学生说说他们知道的不良情绪的危害。

不良情绪影响人的免疫功能，容易引起心脏病和心脑血管疾病，影响人的肠胃功能等。

（2）介绍"踢猫效应"。

引导学生认识到不良情绪害人害己。

第三环节：集思广益，学习化解不良情绪的方法

让学生说说他们知道的化解不良情绪的方法，梳理并总结出以下方法。

（1）在不伤害他人和自己的前提下，对物不对人，合理宣泄不良情绪。

（2）当十分愤怒时，数数字或者做点别的事情来分散自己的注意力，缓解不良情绪。

（3）培养积极的情绪，通过看看笑话书和电影、听听音乐、下下棋、散散步、做做运动等培养积极的情绪。

第四环节：发出号召，做情绪的主人

同学们，以后再遇到不良情绪时，我们可得用今天学到的知识对付它们，让我们一起为做自己情绪的主人而努力吧!

（五）活动反思

学习生活中遇到"火药桶"般的孩子不可怕，可怕的是我们缺乏积极应对的方法。要矫正学生的不良情绪，就得引导学生去反对不合理的信念，形成对待事物的正确看法，产生正向的情绪效应，这也是符合典型的艾利斯情绪治疗理论的做法。

专家点评

无论是大人还是小孩，都有情绪失控的时候，只是大人懂得控制自己的情绪，而有的孩子不能控制自己的情绪，导致情绪爆发。冷处理是孩子情绪爆发时的首选方法，当孩子冷静后再进行引导，会有事半功倍的效果。

——青岛徐水路小学　尹超

如何引导学生处理好学习与手机之间的关系

青岛沧海路小学 韩巍

【问题提出】

现在社会，万事离不开手机，但是手机在带来便利的同时也给我们带来了难以解决的问题，尤其是对于学生。

现象一：到了中高年级，总是有家长反映，孩子会利用完成小组作业或其他网络作业的时间刷抖音、玩游戏、聊微信、发作业答案，极大地影响了孩子的学习。

现象二：部分家长以手机游戏作为奖励，允许孩子在完成作业后可以玩一会儿游戏，导致孩子为了玩游戏匆忙完成作业，致使作业质量下降。

现象三：高年级的孩子在完成作业时，会利用手机软件搜索答案，懒于思考，形成依赖。

【问题分析】

随着科技水平的进步，智能手机几乎是人手一部，电子设备也成为人们生活中的必需品，甚至成为依赖。不仅仅是大人，部分孩子也已经手机成瘾，经常抱着手机或是平板电脑玩儿，而且年龄呈下降的趋势，对手机产生心理依赖。这一现象很大程度上是由孩子缺少父母的关注、缺少父母的陪伴所导致的。

【问题研讨及解决策略】

主持人：面对这些现象，作为班主任，我们应该怎样引导学生？怎样与家长有效地沟通？希望学习到大家的智慧及富有实效的策略与方法。

徐雅茜：玩手机当作一种奖励未尝不可，成年人都爱，更何况孩子？关键还是家长应把控好尺度，宽严并济，实时跟进，以身作则，帮孩子找到更多的乐趣，尽可能地陪孩子多走出去看看，他会发现除了手机之外的世界原来更美好！

靳艳霞：我认为案例分享的方式更具有说服力。之前我带一个二年级班级，暑假时有个家长把孩子送到老家，由老人看管。暑假过后，家长和我说，孩子得了抽动症，原因是整个暑假孩子长时间抱着平板电脑玩。家长回去接孩子时发现孩子面部抽动严重，跑遍了青岛市各大医院都得不到治疗。后来去了北京，用了将近一个学期才得以矫正。我便把这个案例与新的班级家长分享，希望家长们为了孩子的未来，看管好电子产品。案例来源于身边，因此说服力比较强，家长们都能引以为戒。另外，学校要利用班队会定期对学生进行安全教育，与学生畅谈电子产品的利与弊，让学生加以克制，远离电子产品。

孙杨锋：一是学生层面的引导。教师召开以"手机的利与弊"为主题的班会，引导学生展开观点的交锋，通过摆事实、讲道理让学生意识到手机是一把双刃剑，我们要有节制地刷视频、玩游戏、聊八卦，要多用它来收集对学习有用的资料和完成有益的线上作业，只有这样，才算合理地使用手机。二是家长层面的引导。教师通过家长会等途径让家长认识到以下几点。（1）孩子应该怎样使用手机才算正确使用手机？（2）家长应该如何配合老师才能避免孩子沉迷于刷视频、玩游戏、聊八卦？（3）和孩子就手机的使用问题约法三章。（4）家校齐抓共管，及时采取矫正措施。

姜倩：孩子真正使用手机一般都是在家中，这时候就需要合理地分配使用手机的时间，家长应和孩子一起确定好完成手机作业的时间，并严格督促孩子时间一到就立刻放下手机，坚决不能因为孩子哀求或者闹脾气而一再退步。只有这样，孩子才会养成适度使用手机的好习惯。

玩手机作为一种奖励不是不可以，但是还有很多更好的奖励方法，如可以带着孩子购买有趣的图书，周末去海边、山里休闲度假等，让孩子的精神寄托于山川自然，养成热爱阅读的好习惯。或者家长可以培养孩子下棋、画画、乐器、射箭等爱好，孩子有了自己真正喜欢的兴趣与爱好，就不会一有空闲就想着手机了。

王慧：都说孩子是父母的翻版，小孩迷上手机、平板电脑的原因，大部分是父母的纵容和不良的榜样示范。所以，想要孩子少玩电子产品，父母的榜样作用尤为重要。只要父母自己做好榜样，能够适时引导孩子，并规定好奖罚措施，相信我们的孩子一定能够放下手机，重新去感受生活，这将会为孩子的未来打下更好的基础。

崔艳：这个问题在刚刚结束的家访中，也是呼声最高的。孩子打着查资料的旗号玩手机，一玩就是一个小时。疫情让孩子们加深了对电子产品的依赖，这个想要立刻改变有些难。教师可以通过班会课，引导孩子对待电子产品的态度，给他们提供比电子产品更有吸引力的课外书等，来逐步分散注意力。家长也要做到每日作业非必要情况下，不要将手机提供给孩子，并且也可以规定使用时长，让孩子养成好习惯。

这是个持久战，学校、家庭都要引起注意，控制孩子们的手机瘾。

宫雪丽：这真是个热点话题。个别孩子成瘾问题不仅是教师们近期关注的重点问题，也是家长们焦虑的难点话题。"其身正，不令则行。其身不正，虽令不从。"我想，戒掉手机瘾，要从大人做起。首先，陪孩子学习时，请放下手机，拿起孩子的必读书目读一读，读完交流一下感想，做好榜样示范的同时，提高孩子的理解和表达能力。其次，需要用手机学习或查阅资料时，陪一陪孩子，对学习成果或有效资料给个赞赏的眼神，伸出你的大拇指，让孩子获得有效使用电子产品的成就感。最后，坚决杜绝手机游戏。游戏成瘾，大人都避免不了，怎么要求孩子呢？孩子的自制力远远赶不上大人。所以，监督是一方面，还需从源头上扼制。只要态度坚决一些，没有改不了的。

主持人总结：面对手机问题，我们不可避免，也不能回避。关键要引导学生正确处理学习、生活与手机之间的关系。首先，可以通过班会课等形式，引导学生正确认识手机的利弊，并引导学生合理地使用手机；其次，结合问题与家长进行深入沟通，让家长起到表率的作用，并配合老师教会孩子合理地使用手机；最后，丰富孩子的课余生活，使孩子体会到手机之外更多的乐趣。养成良好学习习惯的方法很多，但贵在付出行动并能持之以恒。通过本次的交流，我受益匪浅，感谢大家的分享！期待下次的交流！

【心理干预——主题班会案例】

我的手机我做主

（一）教学目标

（1）经过讨论分析，达到自我教育的目的，并让学生清楚地认识到，要在合理的时间、空间使用手机。

（2）在讨论过程中，使学生逐步感悟到对待新事物要辩证地看待、接受，了解它的实用价值。

（3）培养学生正确的人生观、价值观。

（二）教学过程

1.学生使用手机的广泛性

出示相关数据、图片及视频。

问：你身边的同学有没有这样的现象？他们这样使用手机会给自身造成什么样的影响？

谈话：今天这节班会课，就让我们深入辨析手机给我们带来的"利"与"弊"，并讨论一下如何使用手机，让它成为我们的助手，而不是学习的"绊脚石"。

2.学生使用手机的"弊"

（1）小学生玩手机之"弊"及事例剖析。

事例剖析，大家从自己身上或身边的同学身上找找，手机给我们带来的负面影响。

①学生分小组讨论、记录。

②全班讨论、交流、总结。

（2）小结使用手机的"弊"。

①微信聊天影响休息，耽误学业。

②不良网络信息影响人生观、价值观。

③各种游戏软件、抖音、小红书等应用软件，使学生沉迷于网络。

④容易使青少年视力下降。

⑤容易滋生攀比心理。

小结：因为手机对学生造成的各种不良影响，许多学校已经出台相关规定来约束学生使用手机的行为。

3. 学生使用手机的"利"

谈话：手机有这么多弊端，我们不使用手机可以吗？那么使用手机究竟能给我们带来什么好处呢？请同学们结合实际情况，在小组中讨论手机给我们带来的便利。

（1）学生分小组讨论、记录。

（2）全班讨论、交流、总结。

小结：学生使用手机的"利"：

（1）学生能够通过手机实时与家长联系，也能够向老师报告学习等。

（2）通过微信可以与从前的同学多沟通，能够保持友情；与现在的同学多沟通，能够增进友情；碰到疑难问题时，能够用手机进行议论。

（3）利用手机的拍摄功能，能够随时拍下一些有新意、有价值的东西。

（4）功能齐备，既可以当闹钟，也可以听歌、导航、观看网络的学习资源。

（5）手机比较小巧，可以利用网络随时随地查阅资料。

（6）当学生出门游乐或在其他地方碰到危险时能够实时向家长、老师或警察求援。

小结：从同学们的答案中，我们可以知道，手机的使用有利有弊，所以我们不可以"一刀切"，那么我们该如何正确合理地使用手机呢？

4. 如何正确使用手机

请为小学生使用手机提出可行的建议。

小组讨论后总结：

（1）在学校里没有必要使用手机，如果带了手机要交给老师保管。

（2）回家后要独立完成作业，不能依赖手机上的软件去搜索作业。

（3）使用手机上网查阅资料时，要与父母打招呼。

（4）不随意与陌生的网友聊天、见面。

（5）合理使用手机上的软件。

（6）手机是把双刃剑，小学生应正确对待手机问题，做手机的主人。

5. 小结

同学们，在物质文化丰富的社会大背景下，手机已经成为学生沟通、娱乐和学习的重要工具，但它有时候却成了学习的杀手。所以，就像同学们说的那样，我们要正确合理使用手机，做手机的主人！

（三）活动反思

针对使用手机这个普遍存在的问题，本节课通过学生之间的分享、讨论等方式来分析解决。首先，让学生学会全面辩证地看待手机的便利及其所带来的困扰，引导学生明确自己是否能够自律是合理使用手机的关键所在，如果不自律将会对个人的学习和生活造成多方面的消极影响。其次，通过本次活动也让学生理解了"五项管理"中关于手机管理的深层次原因，促使学生多角度地看待手机问题，从而理解并支持学校关于手机管理的他律要求。同时也激发了学生自律合理使用手机的愿望，使其真正成为手机的主人。最后，也使学生进一步认识到，自我管理是健康成长的必要条件，引导学生自律而行，成为生活的主人。

专家点评

各种情况下导致的学生痴迷手机的情况屡见不鲜。教师的引导很重要，家长的监督和管理更重要！所以，家校沟通，形成合力，才能和谐地解决学生使用手机问题。

——青岛徐水路小学 尹超

孩子，你为什么总犯错

青岛书院路小学　李萌

【问题提出】

很多家长在面对孩子的同一个错误时，第一次会很有耐心地指出，第二次会有点小情绪，第三次也许尚能咬牙容忍，但是如果孩子还是不停地犯同样的错误，很多家长就会忍不住出手了。那么，问题来了，为什么孩子会反复地犯同一个错误？为什么他们就是"不记打"？是因为记性不好？教训得不够狠？我想都不是，孩子之所以会"不知悔改"，一个很容易被忽视的原因就是孩子压根儿不知道自己错哪儿了。学生大错不犯，小错不断，给班级管理带来很多麻烦，班主任的很多时间和精力都被这几个学生给占了，对此你有什么妙招？班级日常管理中怎样引导学生进行自我教育？

【问题分析】

先说教有度，过犹不及。这种心理叫作"超限效应"。"都跟你说了100遍，作业要按时完成！""你怎么老是这么磨蹭，快点！""跟你说多少遍了，你怎么还这么粗心。"

……

这些话听着是不是很耳熟？为什么说了100遍的话，孩子还是不放在心上？其实，有可能你是"栽"在了超限效应上。"超限效应"是指由于刺激过多、过强或作用时间过久，从而引起极不耐烦或逆反的心理现象。既然不是怕认错、不认错造成的经常犯同样的错误，那又是什么原因造成的呢？

【问题研讨及解决策略】

徐雅茜： 对于这样的孩子，我愿意给他们多安排一些力所能及的小任务，一方面完成后能够提高他们的自信心，不会因为经常受到批评而"破罐子破摔"；另一方面也可以占用他们"调皮"的时间和精力。

王慧： 学生犯错误是常有的事，所犯错误都是有原因可查的。我们在教育之前首先要找出原因，如果找不出原因，任何形式的批评教育都是无效的。因此，绝不能为了批评而批评，而是为了使犯错误的人认识到自己所犯错误的原因，并加以改正，让他们自我反省，找出原因，找出原因后再根据具体情况进行教育、引导，帮助他们转变思想，把全部精力用到学习上。

邵娟： （1）爱犯小错的学生，一般是不求上进、自律性和自觉性都欠缺的学生。要教育好这部分学生，让他们少犯错，就必须完善班级管理制度并严格执行，利用班规班纪进行约束。（2）学生大错不犯，小错不断，多是因为旺盛的精力找不到正确的发泄渠道，可以给他们安排一些具体的活动、劳动等任务，让他们有事干，让他们的精力有个发泄口，从而减少犯错误的机会。（3）学生要想改变还是需要他们发自内心，所以班主任要及时找他们谈心，帮他们分析利弊，用真诚打动他们。

韩巍： 这样的学生几乎每个班都会有，往往都是因为平时行为习惯的问题，不能很好地约束自己！我们班也实行小组量化评比，而给小组扣分的往往也是集中在这几个学生身上。一个标准要求他们，他们总是达不到，使他们产生了"破罐子破摔、自我放弃"的心理。所以面对这些品质上大都没有问题，内心也都渴望积极向上的学生，我认为可以把他们身上的问题集中细化、外化，给他们树立一些小目标，让我们逐一实现，再量化加分，以鼓励他们逐渐改变。

孙杨锋： （1）树立规则意识。借助校规、班规树规则，让学生按规则做事。（2）集体教育个体。利用主题班会，就集中的问题以"小故事、大道理"的形式，引领学生探讨不要做什么，为什么不能做？对待这样的孩子，我们该怎么做？让犯错的学生知道该怎么做，让其他同学知道如何帮助他，借助集体的力量教育个体。（3）树立身边的榜样。及时树立身边做得好的榜样，让他们观察榜样，向榜样学习，进一步让他们养成良好的行为习惯。（4）发挥长板。多发现他们的闪光点，就闪光点与进步及时表扬，通过不断地表扬，扬长的同时补短。

崔艳：其实他们也想做好，只是这类学生的自律性不强，所以对于这类学生，班主任更应该从一些小事中发现他们的进步和闪光点，发现了就马上表扬鼓励，这样他们就有了自信心。也可以交给他们一些力所能及的事情，让他们有一种被老师重视的感觉；事情完成后，老师的表扬也会让他们感受到自己的能力是被肯定的，在班级中是不可或缺的，有了班级向心力，就更有动力让自己前进了。

王翠洁：其实我们应该培养学生自主管理自己的能力，如我们要对学生进行生活学习的独立性教育。我会在班会、少先队活动中宣传"自己的事自己做"，并举行各类小竞赛激发兴趣，强化意识。课后，我还会主动与家长联系，使学生获得更多的培养独立性的机会，保证了学校、家庭、社会影响的一致性。

肖丹：这个话题好，这确实是一个常见而又令人头疼的问题，二八定律在班级管理中体现得淋漓尽致。对此类孩子"动之以情，晓之以理"已然不奏效，他们似乎油盐不进，对一般说教非常疲沓。上周，借着语文口语交际——演讲，我们花了两节课，让每个同学都进行了演讲。我惊讶地发现，那些平日里的"刺头"非常有话要说，而且说起来头头是道。我突然意识到，平日里这些学生都是被打压的对象，没有任何的话语权。借着这个机会，他们诉诉苦，也过了一把"说教"瘾。接着，我顺势让其他同学对其进行点评和表扬，我记得他们组一个组员站起来说：我们组文卓同学，他这个月每天按时交作业，才让我们组加分，而且再没出现过打架和争吵，你真棒！我们一起给你比个心。然后我观察，他被夸得不好意思了。对于这类学生，虽然可能还是会反弹，但起码在好转，我们只能迎着曙光前进了。

王翠洁：作为多年班主任的我，很保护学生自我管理的积极性，经常进行成就强化。我始终认为，少年儿童的心灵是纯洁无瑕的，他们乐于遵守纪律，乐于配合教师的工作，也乐于为集体服务。只要教育得法，每个孩子都会成为班级管理的积极参与者。那么，究竟该如何调动他们的积极性呢？基本的途径是给予正面强化。例如，我实行了每周一天的"无批评日"制度，使学生不断体验到成功的快乐，巩固了进行自我管理的意识。

宫雪丽：这个问题非常接地气。我开学这一个月光忙活这个事了。班里的问题总集中在这几个学生身上，怎能不让人头疼呢？我现在在班里采取小组抱团发展，班里所有的量化评比，从早读、课间、两操、午餐、午休等，都算小组得分，有加分，有减分。9月，组长由我指定，我试用了其中的几个孩子，结果是：实验第一周，组内联合要把组长踢出去，理由是他总给小组扣分；实验第三周，组内一致推选他继续干组长，原因是，他虽然还扣分，但很有进步，而且能想办法给小组加分。短短三周，一个上课从不发言、天天满嘴跑火车的"淘气包"有了明显进步。所以，调皮是孩子的天性，能否保持正能量，我们重任在肩。

主持人总结：第一，学生犯错误是常有的事，我们在教育之前首先要找出原因，如果找不出原因，任何形式的批评教育都是无效的。第二，学生大错不犯，小错不断，多是因为旺盛的精力找不到正确的发泄渠道，可以给他们安排一些具体的活动、劳动等任务，让他们有事干。第三，作为班主任，我们应该培养学生自主管理的能力，进行成就强化。第四，课余时间，班主任要主动与家长联系，使学生获得更多的培养独立性的机会，保证学校、家庭、社会影响的一致性。

【心理干预——主题班会案例】

吾日三省吾身

（一）教学目标

（1）懂得面对错误，及时改正。

（2）知道知错就改才能不断进步。

（二）教学方法

谈话交流—联系实际—生活实践。

（三）教学过程

1. 说明道理

谈话：同学们在认识错误也就是知错以后，往往有这样三种不同的表现：第一种是及时改正，第二种是准备慢慢地改，第三种是不改。

四块糖果的故事

教育家陶行知先生有一个"四块糖果"的故事。当时陶先生任育才小学校长。一天，他发现学生王友用泥块砸同学，当即制止了王友，并令王友放学后到校长办公室。放学后陶先生来到校长室，见王友已等在门口。陶先生当即掏出一块糖果送给他："这是奖给你的，因为你按时来到这里，我却迟到了。"当王友怀疑地接过糖果后，陶先生又掏出一颗糖果放到他手里："这也是奖给你的，因为当我不让你再打人时，你立即就住手了，这说明你很尊重我。"说完，陶先生又掏出第三块糖果塞进王友手里："我调查过了，你砸他们，是因为他们欺负女学生。这说明你很正直，有跟坏人做斗争的勇气！"王友哭了："您打我两下吧，我错了，我砸的不是坏人，是我的同学呀……"陶先生满意地笑了，随即掏出第四块糖果递过去："为你正确地认识错误，我再奖给你一块糖果……我的糖用完了，我看我们的谈话也该完了。"

想一想：听了故事后你有什么感想？

2. 深化认识

议一议，谁做得对，谁做得不对？为什么？

小宝和大伟在陈阿姨窗前踢球，不小心打碎了玻璃，他俩立即向陈阿姨认了错，还给陈阿姨送来了玻璃。从此以后，大伟再也不在别人家的窗前踢球了。但小宝仍在那儿踢球。

3. 联系实际

（1）联系自己知错就改的事情，说一说这样做的好处。

（2）联系自己或别人的事例，说一说知错不改的危害。

4. 引导实践

（1）读读下面的名言和谚语，说说你是怎样理解的。

①犯了错误则要改正，改正得越迅速、越彻底越好。

②聪明人知错就改，糊涂人有错就瞒。

（2）通过今天的学习，你懂得了什么道理？

（3）你知道自己还有什么缺点、错误没改吗？你准备什么时候改？怎样改？为什么？

结束语：俗话说，"失败是成功之母"。犯错误并不一定是坏事，只要我们面对错误时，不惧怕，不躲避，不文过饰非，不强词夺理，敢于承认，敢于承担，就一定会越来越好。愿我们每个人都能以一种积极的人生态度、一颗勇敢的心和一双智慧的眼睛，去面对错误，反思错误，然后改正错误，做好人生的选择。

（四）活动反思

在出现错误后要"吃一堑，长一智"，能对错误进行及时、认真的反思：原因是什么，结果怎么样，纠正措施在哪里，错误提供的启示是什么；也不要嘲笑别的同学的错误，而要引以为戒，并从中发现有价值的东西为己所用。学习就是一个不断探求、追寻、解决各种"错误"的过程，也是不断修正自我的过程，出错是不可避免的，一定要树立正确的错误观，面对"错误"不能逃避，不能放弃，勇于改正，这样就会不断取得进步。

专家点评

学生的错误不可能单独依靠正面的示范和反复的练习得以纠正，必须有一个"自我否定"的过程，而"自我否定"以自我反省特别是内在的"观念冲突"作为必要的前提。学习错误并及时引发这种观念冲突，能促使学生对已完成的思维过程进行周密且有批判性的再思考，对已形成的认识从另一个角度，以另一种方式进行再思考，以求得新的深入认识，这既有利于问题的解决，又培养了学生的反思能力。

——青岛李沧路小学　王平

孩子，你为什么不愿意写作业

青岛第六十一中学　范姗姗

【问题提出】

在教育教学中，我们经常会遇到这一类孩子，他们脑瓜儿挺聪明，但习惯很不好，人特别懒，经常不写作业，或者写点也"偷工减料"。与家长沟通，有的家长不以为然，有的家长管不了。长此以往，孩子基础越来越差，成绩也不尽如人意。这种状况，往小了说，孩子习惯不好；往大了说，毁了孩子的未来。作为教师，我们一直在找原因，想办法。

【问题分析】

一般来说，遇到不完成作业的学生，老师会怎样呢？批评一顿，补交作业？联系家长，打"小报告"？或者采取一定的惩戒措施？总之不会置之不理。而无论采用哪种方式，在一定程度上就是给学生贴上了标签。心理学有一个"标签效应"，指的就是如果给孩子贴好了标签，那么孩子就会对号入座。比如，你总觉得他不爱学习，那么他就在心理上觉得：我就是那个不爱学习的人，我不爱学习是很正常的。所以，遇到不愿意写作业的孩子，"标签效应"是我们应该避免的"雷"。

【问题研讨及解决策略】

主持人：今天我们分两个层面来讨论：①孩子不写作业的原因是什么？②我们采取什么对策来改变这种状况？我们先讨论第一个话题。

孙杨锋：我觉得这部分孩子缺乏学习兴趣，觉得写作业跟做任务一样枯燥无味。他们不知道写作业的意义是什么，对作业有抵触心理。

姜倩：孩子不写作业的原因可能是：（1）认为作业没有意思，缺乏挑战性。（2）懒惰，在偷懒的过程中尝到了"甜头"，从而不断偷工减料。（3）家长意识不够，没有认识到做作业的重要性，家长的态度也会影响孩子的选择，严格要求的家长会督促孩子把作业写全写好，缺乏意识的家长则会认为孩子上课学了、下课快乐成长就好。

徐雅茜：没有人喜欢写作业，都喜欢每天舒舒服服、高高兴兴的，把时间用来玩耍，做自己想做的事情，这不单是孩子，我们大人也是如此，所以从这方面看，不写作业是可以理解的。但是毕竟是学生，主要任务就是学习，学习又是很苦的事情，所以部分孩子只能是在老师、家长的"逼迫和压力"下，为完成而完成。部分孩子是养成良好的学习习惯了，能主动自觉去完成作业。

韩巍：孩子不写作业是很让老师、家长头疼的问题。作业对于学生来说很重要，既能巩固所学的新知，也能培养学生独立自主的能力。每当班里有孩子不能完成作业时，我总会及时与家长取得联系。发现大多数不能按时完成作业的学生，一般都是因为家长过于忙碌或者疏于管教，对孩子的作业也不是非常重视，同时孩子对课后作业也没有正确的认识。

曹琳：部分孩子有畏难情绪，与学习的环境及父母对待孩子学习的引导有关，被逼的事情不愿意做。另外，作业量太多或者不喜欢所教学科的老师，学生也不愿意写作业。

崔艳：部分孩子不愿意写作业有可能是因为：（1）低年级学生的注意力很容易受周围影响，玩的兴致更大。（2）学生认为自己写的这个作业很无趣，家长、老师如果缺乏一定的激励，并且家长不去引导他们养成自觉写作业的习惯，慢慢地随着学生年龄的增长，对于作业就更没有兴趣了，这也会影响他们做其他事情的效率。

靳艳霞：这部分孩子缺乏责任意识，这与家庭教育密不可分，家长缺乏教子方法，从小包办代替多，孩子形成了一种潜在意识：不干也无所谓，爸爸妈妈总会帮我干的。久而久之，他们形成了依赖心理。

王翠洁：在教学中，我发现部分不爱写作业的学生是因为父母在孩子写完学校作业后，再给孩子布置许多额外作业，导致孩子没有自我支配的时间放松或做自己喜欢的事情，这也是孩子对作业有畏难情绪的原因。

主持人总结：通过上述交流，问题产生的原因主要集中在以下方面。（1）教师和家长要求不严。（2）作业有难度，孩子有畏难情绪。（3）孩子习惯成自然，不写作业可是不良的习惯。（4）家长包办代替多，孩子缺乏责任意识。（5）作业内容枯燥无趣，缺乏激励。（6）孩子不喜欢学科老师，就不喜欢做该学科作业。（7）处于叛逆期，喜欢和老师、家长对着干。（8）课外辅导班过多，占用了写作业的时间。（9）孩子条理性差，学习方法不恰当。（10）孩子写完学校作业后，家长又给布置额外作业。

找到了问题的根源，我们来讨论一下：采取什么对策改变这种情况？

王翠洁：对于因为条理性差、学习方法不恰当而不爱写作业的孩子，我认为需要慢慢教会孩子先做什么、后做什么，如文具要事先准备好等。然后联系父母，告诉这些孩子的父母不要手太勤，学着做一个"懒家长"，让孩子适当帮父母做点家务，这样孩子会变得能干起来，条理性也会越来越好，慢慢地就会愿意写作业了。

靳艳霞：（1）合理小组分配，利用同伴的力量潜移默化地去引领、去感化。（2）分层布置作业。（3）课堂上多给予孩子展示自我才能的机会，让孩子意识到自己是被老师喜欢的、赏识的。（4）多多向家长表扬孩子的闪光点，通过家长的口知道老师表扬自己，孩子自豪感会倍增。

徐雅茜：我觉得可以先找到孩子的兴趣点，以此为突破口，与孩子交朋友，课下和他聊聊感兴趣的话题，让孩子首先不排斥老师。

姜倩：（1）教师要认真备课，上好每一堂课，让孩子通过日常的学习爱上这门学科，喜欢做这门学科的作业。（2）关心孩子，不完成作业的习惯肯定是养成的坏习惯，可能对老师的批评已经免疫甚至反感了，我们要多关心孩子。（3）可以派给孩子一些小任务，通过帮助老师和同学而增强孩子的荣誉感。

邵娟：有些孩子不写作业就是因为不怕家长，所以家长管了也不听，最主要的还是靠老师。老师要以鼓励为主，分层作业，降低难度和数量，每天可以约定几点微信发给老师检查。

孙杨锋：（1）破解心理障碍。和孩子单独沟通，就他不写作业的问题探究原因，是缺乏兴趣，还是感觉太吃力？究其原因，有针对性地指导。和家长沟通，就其内心的矛盾与困惑，答疑解惑，让家长和孩子都意识到写作业的意义，从内心不再有抵触心理。（2）一起改变。教师是不是在教授知识时适当设计一些有趣的互动，让知识学起来更有趣些？布置作业时，是不是可以设计一些趣味性的作业，让作业做起来更有趣些？是不是给那些懒散惯的孩子先适当布置些作业，让作业变得更容易完成？孩子一步一个脚印，老师和家长一步一强化表扬，久而久之，就能养成孩子及时完成作业的好习惯。

韩巍：我觉得，第一，要把作业评价纳入班级评价体系，量化管理；第二，要引导学生理解认真写作业的意义，同时在开家长会时让家长意识到作业的重要性；第三，要充分利用作业记录本，让孩子规范完整地记录作业，以便家长检查；第四，要合理地布置多样化的作业调动学生的积极性。

王翠洁：我建议每天根据孩子的作业总量和做作业的效率，和孩子估算出做作业需要的时间，然后让孩子在写作业之前先定闹钟，闹钟在孩子完成作业的期限前10分钟响。这样，让闹钟代替妈妈的催促。同时，孩子在自己定闹钟学习的过程中，也不断体验到了成功感，进而学习更加自觉。

宫雪丽：翠洁的"设置闹钟法"对高年级的孩子应该很有效！免去了家长的唠叨，避免亲子大战。

崔艳：低年级的孩子应该从养成习惯入手，教师首先应该在开学前指导家长重视对于孩子学习习惯的培养，让家长意识到自己是有一定责任的。然后制定相应的奖励机制，对于认真完成作业的孩子给予表扬，可以采用小组评比加分等方法，让学生产生兴趣。但是教师也要注意，建立了奖惩机制，就必须严格执行，坚持下去。

宫雪丽：要"对症下药"，学生不完成作业的原因有很多，不同的学生原因也不一样。教师真的应该搞清楚原因，采取相应对策。

曹琳：老师的引导、鼓励是孩子学习的动力，家长的配合也很重要。家长可以和老师探讨适合自己孩子的办法，必要时老师也可以对家长进行指导，家校合力更有效。我还发现部分孩子刚刚有了变化的苗头，家长就以为习惯已经养成，放松了督促和监管，坚持很重要。

范姗姗：家校共育，才能形成教育合力！曹老师，姜还是老的辣呀！老师与家长沟通时要注意：我们是站在统一战线上，合力帮孩子"打败"问题，而不是和问题一起"打败"孩子。所以，看待孩子身上的问题或错误，我们要注意态度和方式方法。

主持人总结：教学中，遇到不完成作业的孩子，有的班主任会马上联系家长，询问原因，沟通交流。很高兴老师们能认真地追根溯源，老师、学生、家长，我们是一家人！学生完不成作业，大家都有责任。作为老师，我们需要反思作业内容、作业量、批改反馈、评价以及家校沟通、监督指导等。感谢老师们！无论是问题的归因分析还是策略的探讨，老师们群策群力，思维的火花不断碰撞，我们是一群有智慧的教育人！

【心理干预——主题班会案例】

积极心理，从完成作业做起

（一）教学目标

（1）通过播放视频、讲故事等活动，引导学生认识到认真完成作业的重要性，帮助学生确立学习目标，积极向上。

（2）让学生清醒地定位自己，确立目标，意识到完成作业是自己的本职任务。

（3）通过开展活动，让学生正确认识自己所背负的压力，初步形成主动磨炼自己的意志、勇于承受压力的能力和乐观积极的生活态度。

（二）教学方法

知（明确目标）—情（积极态度）—意（锻炼意志）—行（努力践行）。

（三）教学过程

1. 知——故事导入，明确目标

（1）老师：有一个故事说，能够到达金字塔顶端的只有两种动物：一是雄鹰，雄鹰靠自己的天赋和翅膀飞上去；二是蜗牛，蜗牛到达金字塔顶端，主观上是靠它永不停息的执着精神，客观上归功于它厚重的壳，正是这看上去又笨又拙、有些负重的壳，让小小的蜗牛得以到达金字塔塔顶。在登顶的过程中，蜗牛的壳和鹰的翅膀起到的是同样的作用，可是生活中大多数人只羡慕鹰的翅膀，很少在意蜗牛的壳。在学习生活中，我们身上背负的"壳"是什么呢？（作业）

（2）老师想问一下：你们放学后都是怎么完成作业的呢？如果在写作业的过程中遇到困难，你会怎么办？

（3）学生交流。

生1：我写作业的时候，爸爸妈妈总有一个人在身边坐着，完成后他们会给我检查，不会的他们会给我讲。

生2：我一个人在家里完成，如果遇到不会的题或者不懂的，我会向爸爸妈妈求助。

生3：我一个人完成作业，爸爸妈妈工作很忙，不会的题，我会空着不写。

生4：我一个人完成作业，不会的，我会上网查阅资料。

（4）老师：人在生活中必然担负着许多责任和压力，作为一名学生，完成作业是我们自己的事情，但是由于作业的难度和学情的不同，很多同学在完成作业时出现了一些问题，下面我们先看一段视频。

2. 情——引起共情，积极态度

（1）一段小视频。

生1：我写作业速度比较慢，每一次都磨磨蹭蹭，妈妈有时候会因此发脾气，她一发脾气，我就更不想写作业了。

生2：我每次写作业，妈妈都在看手机，我问她问题，她就直接让我查答案，有时候还会不耐烦地说："你怎么什么都不会呀？"我都不愿意问她问题了。

生3：作业就是这么回事呗，写不写，爸爸妈妈也没时间管，老师最多让我补，也不会拿我怎么样。

（2）老师：看来同学们在写作业时遇到的问题还真是千差万别，这三名同学表达了自己不愿意写作业的原因，相信个别同学很有同感。既然大家不愿意写作业，老师为什么要布置作业呢？

（3）学生交流写作业的好处。

生1：及时检查学习的效果。

生2：强化对知识的理解。

生3：积累复习的资料。

（4）老师：所以，负"壳"前行，要有积极的态度。写作业是有好处的，是必须要做的。

3. 意——负"壳"前行，锻炼意志

（1）分享一个小故事。

有一天，某农夫的一头驴不小心掉进一口枯井里，农夫绞尽脑汁想办法救出驴子，但几个小时过去了，驴还是在井里痛苦地哀号着。农夫决定把枯井填上。当铲进井里的泥土落在驴的背部时，驴的反应令人称奇——它将泥土抖落在一旁，然后站到铲进的泥土堆上面！就这样，驴一步步走出了枯井。

老师：听了这个小故事，你有什么想说的吗？

（2）（学生交流）就如驴的情况，在生命的旅程中，有时候我们难免会陷入"枯井"里，会有各式各样的"泥沙"倾倒在我们身上，而想要从这些"枯井"脱困，秘诀就是：将"泥沙"抖落，然后站到上面去！

（3）老师：所以，负"壳"前行，要有在艰苦的环境中锻炼自己意志的信念。

4.行——坚定信念，努力践行

（1）有一位哲人，临死前给弟子留了一项作业：怎样让空地不长野草？是的，让空地不长野草的方法是种上庄稼，那么让你的心灵健康成长的方法就是不断学习。面对"作业"，你们应该怎么做呢？

（2）学生交流。

①积极的学习态度，把作业当成必须完成的职责。

②课堂认真听讲，不懂就问。

③合理安排作业时间，不拖沓。

④提前预习，及时复习，当日事当日毕。

（3）出示句子，齐读。

选择大海，就要乘风破浪；选择蓝天，就要展翅翱翔，不做懦弱的退缩，不做无益的彷徨。敢于面对，用不懈争取进步；自强不息，用汗水浇灌理想，超越自我，用奋斗放飞希望；永不言弃，用信念实现梦想。

（四）活动反思

这节课既是一节习惯养成的班会课，也是一堂心理健康的教育课，把心理健康教育与主题班会有机结合，本节课是比较成功的。

1.选材源于生活

上课前，我多次与学生、家长进行沟通，做好调查，了解学生在家里写作业的情况，由于个别家长忙于生计，根本顾不上管理学生的学习，因此，许多孩子没有养成良好的写作业习惯，也没有正确的思想认识。在课堂教学中，我通过播放视频的形式引起学生的共情，为他们明确学习目标、树立积极的人生态度奠定了基础。

2. 灵活创设情境

单纯地对学生进行习惯教育，学生会感觉索然无味。在教学中，我注重教学的灵活性，采用讲故事、采访、播放视频、交流反思等形式调动学生学习的积极性与主动性，学生在交流中认识到了养成写作业习惯的重要性，形成健康的心理。

▌专家点评

本节课着眼于学生的知、情、意、行，内容紧扣主题，教育意义深刻，达到了教学目标。在教学过程中，有学生与学生之间的交流互动，课堂气氛较活跃，教师也真正发挥了指导者、引导者的作用，努力创设了一种民主、平等的教学氛围。

——青岛李沧路小学 王平

如何有效转化"两面派"的孩子

青岛李沧路小学　　王慧

【问题提出】

一些孩子在家和在校"两面派"。比如,孩子犯错了,在校承认,在家面对父母又不承认,我们该如何有效地帮助他们?您采取过哪些颇有成效的方法?或者能想到什么好方法?今天,我们就来畅所欲言,您是怎样做的?您是怎样与家长有效沟通的?

【问题分析】

在当今经济发展背景下,存在部分小学生为了获得或维护自身利益,当面一套、背后一套,对人对事表现出"两面派"。不少家长反映,孩子有时候很世故,很会哄人,虽然现在才上小学二年级,可是他在家里对爷爷奶奶发号施令,但是,在学校里跟老师、同学相处却是一副善解人意的模样。这种"两面派"的性格,使得孩子从小世故圆滑,失去童真,为人处世表现出不合年龄的"老到",并且容易养成说谎的习惯,给人一种不可信的感觉。同时也不容易对他人产生依赖感,导致父母无法对孩子起到教育作用,孩子随着年龄的增长越来越难以管教。因此,学校与家庭应该形成合力,针对孩子"两面派"问题进行教育,让孩子对"两面派"的危害形成认知。实现"两面派"孩子的有效转化是本次研究的主要内容。

【问题研讨及解决策略】

徐雅茜:我觉得"两面派"的孩子在一些时候可能是因为学校和家庭的规

则不一样，有的家庭是没有规则，溺爱放养；有的家庭是规则意识不强。在学校，孩子有许多需要遵守的规章制度，他们要尽力做到最好。但是回家后，父母没有提出具体要求，孩子自然也就懈怠了。特别是有的家长自己在家里的言行举止也不太注意，这都会给孩子造成负面的影响。想要改变这种情况，我觉得要和家长及时做好沟通，沟通要具体，告诉家长要做好榜样，以身作则，再对孩子提出一些具体要求，以此规范孩子的行为及习惯。

孙杨锋：我想我们首先应通过和家长单独沟通弄明白孩子"两面派"的成因，是家长教育手段粗暴，还是孩子缺乏承认错误的勇气？如果是前者，有必要通过家访等形式和家长沟通，让家长认识到教育手段粗暴的不良影响，意识到教育孩子要动之以情，晓之以理。对于后者，有必要和孩子单独沟通，让孩子认识到犯了错误并不可怕，可怕的是缺乏承认错误的勇气，犯了错误要有勇气面对，进而改正，知错能改才是好孩子。

靳艳霞：非常同意徐老师和孙老师的观点。追根溯源，找到问题所在。在此基础上我们可以召开主题班队会，通过多种形式呈现各种"两面派"的形式与后果，在讨论、模拟等互动交流中，让孩子潜移默化地认识到"两面派"的危害性，在一次次集体活动中逐渐改变自己的不良行为。

韩巍：孩子的"两面派"主要源自老师与家长的沟通不畅，使孩子在犯错时回避责任。所以，我觉得及时有效地与家长沟通是解决此类问题的有效方法。当孩子在学校发生矛盾时，我们首先要客观地把事情调查清楚，先对孩子进行教育，然后在放学前与家长进行沟通。"先入为主"很重要，相对于解决矛盾，如果能避免矛盾会更好。另外，在学校，我们也要利用各种机会对学生进行诚信教育，使学生实事求是，敢于承担。

宫雪丽：孩子"两面派"是很正常的表现，特别是遇到批评时。在一个家庭里，孩子是全家的宝贝，哪怕是犯错，很多家长也不以为意，因为他们可以容忍，更能包容孩子的错误。但同样的错误，在班级这个群体中发生，其他孩子不能容忍，老师也会秉公判断，犯错的孩子即使承认了错误，也并没有发自内心地认识到自己的错误，所以他回家的描述会轻描淡写，避重就轻，甚至为了维护自己在父母面前的形象，会将过错全推到别人身上。这就形成了我们所说的"两面派"。面对这种情况，我会第一时间和家长沟通，大部分家长心里有数了，面对孩子的描述，会有针对性地指出错误，帮孩子改正。也有个别家长会觉得自己的孩子很完美，不相信孩子的错误，一味地相信孩子的说法，被孩子"耍"得团团转，这也是一种自欺欺人的表现。

对于和家长沟通，我提三点建议：第一，确保事情发生的第一时间进行沟通，公正地陈述事实及处理意见，听取家长意见和看法，以便采取下一步措施；第二，对家长的不同看法，我们可以倾听，但尽量不要评价；第三，如家长需要，可以提出合理的家庭教育意见或建议。

"防患于未然"，家校沟通前置，会将"两面派"的苗头扼杀在摇篮里，帮助孩子们健康成长。

主持人总结：非常感谢宫主任的经验分享，多倾听，多沟通，家校沟通前置，帮助孩子们健康成长。感谢老师们的热烈讨论，各种做法都可圈可点，相信只要将学到的方法运用到实际中去，多学习，多思考，多尝试，多实践，班主任们就一定能攻破难关。非常感谢大家的分享，受益匪浅，谢谢！

【心理干预——家庭教育指导案例】

透视孩子"两面派"

（一）教学目标

（1）让家长了解孩子形成"两面派"性格的原因。

（2）让家长能够以身作则，不当孩子面做"两面派"。

（3）让家长统一战线，对症下药，承担起责任，找到纠正孩子"两面派"的方法。

（二）教学方法

体验分析—自我反思—引导践行—实现拓展。

（三）教学过程

各位家长好，我们先来做个调查，有没有家长发现自己孩子会弄虚作假，有时候为了逃避责任，对自己撒谎，存在当面一套、背后一套的行为，不能做到表里如一。这些可能就是一个"两面派"孩子的表现了。今天，我们一起围绕"透视孩子'两面派'"这个话题，来谈谈亲子教育，交流育儿经验。

活动一：讲故事巧导入——体验分析

教师给家长分发案例资料，人手一份。

珠珠今年8岁，上小学二年级，学习优秀，性格开朗，乐于助人，班级里开展活动，珠珠的表现也非常积极。一天早上，下第一节课了珠珠才来，珠珠和妈妈站在走廊上，珠珠背着书包。我心里想：珠珠从来不迟到，怎么今天这么晚？我走过去后，看到珠珠一脸泪水，珠珠妈妈也是极为生气的样子。珠珠妈妈看到班主任走过来，叹气说道："王老师，不好意思，今天迟到了，珠珠快把我气死了。"我让珠珠先去准备上第二节课，然后请珠珠妈妈到了办公室。

原来，珠珠上课迟到，是因为昨天晚上看动画片的时间有点长。珠珠妈妈说："说是太困了，不想写作业，说早上起来补，她和我商量了很久，她爸爸也在一旁劝我，再三和我保证，看着他们父女俩信誓旦旦的样子，我勉强同意了。谁知早上根本没写，顶多就是早起了一会儿，眼看要迟到了，珠珠索性说不写了，让我给她请假，在家又哭又闹。今天早上的事，都快气死我了。"除了这件事，珠珠妈妈还说了珠珠很多事。比如，喜欢缠着奶奶买各种零食、玩具；和爸爸出门，稍不合她心意，就不走了，一直闹脾气。在我一脸诧异的表情中，珠珠妈妈接着说："在家里，她爸爸和她爷爷奶奶总是袒护她，各种无理的要求都满足，我平时上班又很忙，有时候也顾不过来她。我在家里时，她还有所收敛，只要我不在，她就无法无天了，而且她和她爸爸之间的许多小秘密都瞒着我……"

（1）这个案例资料说了一种什么现象？（家长自由讨论）

（2）案例发生了一些什么事情？

（3）故事中的小主人公珠珠为什么会有这样的表现？（请至少说出三点原因）

（4）面对珠珠晚上看动画片以至于延误写作业的时间，您会怎么做？

小结：案例中珠珠是一个典型"两面派"的孩子，正如家长们讨论得出的结果，珠珠形成"两面派"性格，是因为爸爸妈妈两人的教养方式不统一，父亲、奶奶过于溺爱孩子，妈妈工作比较忙造成的。

活动二：自我反思

（1）您的孩子日常生活中有没有一些"两面派"的表现？为什么会出现"两面派"的行为？请您分析您的孩子出现"两面派"行为的原因。

（2）面对孩子不同的表现，您的心情怎么样？

（3）您认为这种"两面派"性格会给孩子带来哪些影响？（请您至少总结三条）

① 孩子的价值观会错乱，孩子不知道到底哪种行为才是正确的，为人处世时仅以利己作为评价参考指标。

② 孩子逐渐和"白脸家长"关系疏远，"白脸家长"长期扮演坏人角色，孩子的主观愿望无法得到满足，孩子不愿意亲近"白脸家长"。

③ "红脸家长"也会慢慢失去权威，扮演好人角色的"红脸家长"，长期满足孩子的愿望，"听命"于孩子，随着孩子的成长，很难重新以教育者的姿态出现。

④ 孩子变得圆滑世故，为人处世变得精于算计。

⑤ 孩子甚至会养成撒谎的习惯，通过撒谎达成目的，欺上瞒下，左右逢源，管教难度加大。

小结：孩子出现"两面派"性格，有时会伴随着撒谎，我们面对孩子撒谎，相信心情也会变得沉重，孩子的"两面派"性格会带来一些危害。因此，我们应该采取积极的措施，转化孩子这种"两面派"性格。

活动三：引导践行

（1）我们如何配合，为孩子提供有利于健康成长的家庭环境呢？请家长分组讨论，可以将想到的方法进行记录，然后每组派一位家长代表进行分享。

（2）经过交流，我们总结出以下几点。

① 和孩子共同协商制定家庭规则。

② 家庭成员需要保持要求的一致性。

③ 不同家庭成员对于孩子的同一行为的反应也要一致。

小结：对孩子实施家庭教育要取得实效，家庭成员必须在教育方式上取得一致，相互尊重，及时交换意见，不能在孩子面前公开分歧，避免造成孩子形成两面观念。

活动四：实现拓展，提升家教效能

（1）周末，爸爸妈妈带孩子一起去游乐园玩，路过玩具店，孩子想买一个毛绒玩具，家里已经有很多了，孩子的母亲明确表示不买，身为父亲的您会如何表现？

（2）孩子有喜欢玩手机游戏的习惯，平时您在家都会把手机收起来，不给孩子接触手机的机会，孩子也知道如果偷玩手机会受到严厉处罚，而孩子的爷爷奶奶比较宽容。今天，您提早下班，发现孩子在客厅打游戏，期间爷爷奶奶也多次劝说孩子不要玩手机，可是孩子就是不听，表现出满不在乎的样子，与对您说话的态度截然不同。此时，您会采取怎样的措施？

小结：家庭教育要让学生能够勇于展现自己内心的真实想法，鄙视弄虚作假的行为，学生能够对自己"两面派"感到愧疚和不安，努力做到表里如一，做事诚实，不撒谎，知错能改，敢于承担责任。

（四）活动反思

孩子的"两面派"性格，部分家长没有引起足够的重视，有的家长认为这是孩子情商高的表现，当然，也已经有很多家长意识到孩子"两面派"性格带来的危害。在课堂上，我设计了四个环节，各环节中所涉及的一些案例也是很有代表性的，因此，家长在讨论时，都有较深的感触，能说出自己的内心想法，也在交流中获取了经验。老师通过家长的表达，也了解到孩子在家庭中的另一面。学校有明确的行为规范，老师时刻关注，约束力较强，因此，孩子能够明确后果，并且为了树立良好的形象，不愿意暴露自己；而家庭环境宽松，有利于孩子展现出最真实的一面。这些情景案例让家长反思，发现自己在日常教育过程中存在的问题，从而更好地开展家庭教育。

专家点评

面对孩子出现的问题，家校沟通是永恒的主题。另外，教师可以在班级群里转发一些亲子教育交流方面的文章，让家长多多学习，打造学习型家庭，那样受益的不仅仅是孩子。

——青岛李沧路小学 王平

如何协调科任教师帮助有焦虑的孩子

青岛西海岸新区崇明岛路小学　孙杨锋

【问题提出】

6月是名副其实的考试月，为期三天的高考正在如火如荼地进行，接下来是中考和小学考试。作为班主任的您，是怎样协调科任教师共同提高班级成绩的？您又有什么好办法来帮助考试焦虑的孩子？下面就请大家畅所欲言吧！

【问题分析】

班级中，有的孩子基础弱，上课仿佛听天书一般，渐渐地丧失了上进心，消极对待学业；有的孩子给人的感觉很努力，但就是缺乏正确的学习方法，以致学习成绩不理想；还有的孩子，每逢考试就紧张得不行，学业成绩也不理想。前两类孩子，从心理学角度来看，他们是陷入了"习得性无助"的状态。后一类孩子是陷入了考试焦虑的状态。

【问题研讨及解决策略】

主持人：请老师们结合自己的经验心得畅所欲言。

宫雪丽：关于与科任教师沟通，我是这样做的：（1）根据学科成绩，与科任教师沟通，大面上的问题，面向全体学生解决，如学生数学计算错误较多，每个数学早读，课代表在黑板上出 8 道计算题，完成批阅，将成绩汇总到我这儿，我统一点评；学生英语课文背诵不好，每天早读前，课代表播放课文录音，早到的学生跟读，以小组为单位背诵，全部背过的小组加 5 分，个别没背过的同学，小组安排人监督背诵。（2）针对个别学生成绩落后的情况，我会找学生谈话，和他一起分析落后原因，让他选择一个可以帮助他的同学，进行一对一帮助，每天跟我汇报学习进度，对一点小进步进行大表扬，激发学生学习兴趣和动力。（3）对于学习态度不端正的孩子，我会根据情况调整他的座位，让身边的同学影响他的态度，同时与家长沟通，让家长起到监督作用。

孙杨锋：宫老师不仅做到了语言上的沟通，而且做到了行动上的跟进。宫老师注重针对性的措施，注重评价和强化，注重小组学习，注重生帮生，真抓实干。

宫雪丽：关于考试焦虑，我个人认为，家长的焦虑要大于孩子的焦虑，孩子的焦虑是老师和家长赋予的。有焦虑也不是坏事，至少证明这样的孩子有上进心。当然，过分焦虑就不太好了，容易引发心理疾病。所以，工作中，我们尽量不要给学生太大的心理压力。出现问题，先谈心，从思想上将问题扼杀在摇篮里，然后帮孩子想办法，指导他们找到合适的解决路径。这样也就从根源上解决了焦虑问题。

孙杨锋：的确，很多时候，孩子的焦虑是老师和家长带给他们的。考差了，老师和家长都大发雷霆。昨天在洗手间看到三个孩子聚在一起讨论什么，我开始以为又在讨论游戏，过去一细问才知道一个孩子的家长给他报了冲刺班，家长对小升初的焦虑可见一斑……正如宫老师所言，孩子的焦虑在很大程度上因为不知道该怎么做，宫老师宽其心、明方向，标本兼治，点赞！

王慧：班主任一是经常找任课教师，如到他的办公室，了解学生阶段性的学习成绩，或对学生的问题进行探讨，或针对某一学生的该课学习情况进行专门探讨。二是了解任课教师的一些教育理念和教育方法，以求更好地配合。三是全体任课教师一月一聚，畅谈班级的管理思路及交流个别重点学生的不同教育教学方法，以便使任课教师之间互相了解，对学生的教育能够互通，形成教育合力。

靳艳霞：期末期间，与任课教师的沟通比平时更加重要。因为语数英主科结束新课，孩子们本来就容易浮躁，在考查学科上更容易放飞自我，所以，孩子们的心态就更放松。因此，复习期间，我会和每位任课教师进行无缝衔接，在学生站队间隙、回教室之后的短暂时间内，与老师简短沟通，了解孩子们的课堂表现，接下来有的放矢地进行课堂常规训练。期末期间，孩子的稳定比学习知识更加重要，携手共育才能达到事半功倍的效果。

孙杨锋：靳老师既充分利用点滴时间与任课教师保持良性沟通，又充分利用考查学科的时间拓宽孩子的知识面，值得我们学习。

韩巍：我教两个班的数学，既是班主任，又是另一个班的科任教师。在教学方面，我一直想做到平衡两个班的时间，统一两个班的进度。所以，我在本班会把很多时间放在班级管理上，一方面可以让其他科任教师在完成教学任务的同时没有后顾之忧；另一方面可以使我在兼顾另一个班的教学时不用在本班牵扯过多的精力。

孙杨锋：一个班级只要班风正了，学风自然就会正。韩老师注重从加强班级管理做起，培养本班良好的学风，事半功倍，从而游刃有余地兼顾其他班级的教学。点赞！

王翠洁：我教语文，也担任班主任，而数学老师和英语老师承担多个班级的教学任务，因此班主任与科任教师的协调，起到了非常重要的作用。平日，我会经常和数英老师沟通，了解这两个学科的优秀学生与学困生都有哪些，以及存在的问题。然后协助老师安排优秀学生与学困生结对帮扶，安排时间进行指导与谈话。定期召开微家长会，约科任教师与家长面对面沟通并回访。

对于学习焦虑的学生，我采用的是散步聊天的方式，了解问题所在，加以疏导。另外，我还会召开班会，进行心理干预，指导孩子学会排解焦虑的方式方法。

孙杨锋：王翠洁老师通过结对帮扶，实现了生帮生；通过微家长会，为任课教师与家长架起了沟通的桥梁；通过散步聊天，在轻松的氛围中，破解了障碍；通过主题班会，指导孩子们如何破解焦虑。点赞！

邵娟：我今年带六年级，最近我们班就比较浮躁，我和其他科任教师首先碰头开班级教导会，交流班级出现的问题，分析每个孩子的情况，交流讨论具体的方法，实行"包干到户"，每个老师"承包"几个学生，科任教师对自己"承包"的学生分别谈心，个别问题较多的学生我们会联系家长，进行沟通交流。情况比较特殊的学生则会联系我们的级部主任，通过学校层面进行教导。总之，利用一切资源，安抚每一个孩子。

李萌：我今年带毕业班，是自己班的语文老师，也是别班的小科老师。沟通好各科老师真的至关重要。最后冲刺阶段，应协调好各任课老师布置的作业量，如果协调不好，就易发生作业负担轻重不均和测验集中、频繁等问题。造成忽视整个教学计划全面性、学科之间"撞车"、学生成绩严重不均衡等问题。班主任在协调时，应主动让路，因为班主任的原因，孩子相对会重视，再就是班主任日常零散的时间比较多，所以可以适当给其他任课老师让步。

孙杨锋：作为班主任，李老师平日里协调各科老师用心落实"五项管理"，着眼大局，适当地让步，促成的是班级的整体发展。点赞！

主持人总结：老师们，通过今晚的交流，我们认识到了该如何与科任教师保持良性沟通，认识到了如何帮助考试吃力的孩子。学期期末，为了完美收官，让我们一起努力拼搏吧！

【心理干预——主题班会案例】

会学习，方能学习好

（一）教学目标

感受缺乏好的学习方法的害处，掌握好的学习方法，培养好的学习习惯。

（二）教学方法

案例分析法。

（三）教学过程

第一环节：浏览错题集锦，导出课题

播放常见的低级错误集锦，询问学生的感受，导入本课的课题——会学习，方能学习好。

第二环节：交流研讨，分析问题所在

让学生分组研讨并汇报交流，引导学生总结出：

（1）上课听讲不认真，走神了。

（2）上课不动脑，没有手、脑、口并用。

（3）课下缺乏巩固，学的知识掌握得不牢固。

（4）做题缺乏良好的学习习惯，没读懂就做。

（5）不会用逻辑思维做题。

第三环节：集思广益，梳理好的学习方法

让学生说说自己好的学习方法，帮助学生梳理并总结出：

（1）上课跟上老师的节奏，手、脑、口并用，哪怕老师没提问到自己，也要默默地回答老师提出的问题。

（2）课下放放"电影"——回顾老师讲过的知识，遗忘的及时通过课本巩固。

（3）培养良好的做题习惯，如读懂再做，用逻辑思维（先读出来知道了什么、要求什么，再根据已知的条件求出答案），等等。

第四环节：发出号召，践行好的学习方法

鼓励学生用好的学习方法武装自己，发出争做学习小达人的号召。

（四）活动反思

学习得法，事半功倍；不得法，事倍功半。通过今天的主题班会，陷入"习得性无助"状态的孩子认识到自身存在的问题和下阶段努力的方向。作为班主任老师，我们接下来要趁热打铁，协同科任教师共同培养学生好的学习习惯，提高学生的学习成绩。

专家点评

"习得性无助"本身并不可怕，可怕的是他不知道自己已经陷入"习得性无助"的状态，还自我感觉良好。作为班主任，我们要营造积极向上、健康活泼的学习氛围，营造真诚平等的师生关系和团结友爱、互相帮助的同学关系，发展学生多种兴趣，满足他们多层次的需要，这样才能增强他们的自信心和成就感。

——青岛李沧路小学　王平

孩子，线上学习你准备好了吗

青岛书院路小学 李萌

【问题提出】

3月，春暖花开的时节，校园里本应是读书声、欢笑声、歌声……声声入耳，然而，2022年的春天，校园里格外宁静。虽然疫情挡住了师生返校的脚步，但是学习永远不会停止。青岛市中小学生采用线上课堂的方式，让居家学习成为一道亮丽的风景线。那么，怎样让居家学习更有效率呢？请您出谋划策。

【问题分析】

改变从被关注开始，这属于"霍桑效应"。

1924年11月，以哈佛大学心理专家梅奥为首的研究小组进驻西屋（威斯汀豪斯）电气公司的霍桑工厂（美国西部电器公司的一家分厂）。他们的初衷是试图通过改善工作条件与环境等外在因素，找到提高劳动生产率的途径。他们选定了继电器车间的6名女工作为观察对象，惊奇地发现，无论是提高还是降低福利（休息时长、供应茶点等），她们的工作效率都会提高。就霍桑试验本身来看，当这6名女工被抽出来成为一组的时候，她们就意识到了自己是特殊的群体，是试验的对象，是这些专家一直关心的对象，这种受关注的感觉使得她们加倍努力工作，以证明自己是优秀的，是值得关注的。这种奇妙的现象就称作"霍桑效应"，也正是心理学名词"霍桑效应"的由来。

疫情特殊时期，在没有家长监督的情况下，让孩子们自主学习是难上加难的。那么，这种情况下，我们该如何关注孩子们呢？

【问题研讨及解决策略】

韩巍: 2020 年的线上教学,深感最大的困难就是线上教学不好把握学生的状态。有的孩子会在上课期间发生挂机不在线,或者人在线思维不在线的状态。所以,我在网课之前首先对本班情况进行摸底,"独自在家上网课的有哪些同学",一一与其家长进行沟通商量对策,或者看回放,或者对上课设备进行设定。其次,我们也建立了学习小组,由组长督促本组成员及时进课堂、按时交作业,以保证出勤率;上课时,我会要求孩子打开摄像头,充分利用"举手回答""随机点名""答题板"等模式与学生进行互动,以保证听课率;课后,我仍然运用评分机制,根据学生的出勤情况、课堂表现、作业情况进行加减分。

孙杨锋: 要想居家学习更有效率,离不开教师、学生、家长三方面的努力。作为教师,我们要通过线上集体备课备好课;要通过视频会议加强对学生听课状态的监管;要通过有效的课堂互动提高学生的注意力;要通过小组学习互帮互助;要通过积分制调动学生的积极性;要及时批改作业,并将孩子的学习状况及时反馈家长。作为学生,他们要自律,按时作息,做好课前准备;课上要认真听讲,积极回答问题;课下要及时巩固,认真完成并及时提交作业,不懂就问。作为家长,他们要加强对孩子行动上的关注,留意孩子的书写认不认真……要抽空关注家校群里的反馈,遇到问题要和老师及时沟通解决。总之,只要家校齐心协力,就能保证孩子的学习效率。

崔艳: 对于我们班的网课学习,我采取了以下几点做法。(1)上课前,小组长检查组员是否到齐,群内汇报,未能及时上网课的同学,课后我会单独联系,了解情况。(2)正式讲课之前,对前一天的作业情况及时反馈,表扬提交及时、书写认真、正确率高的同学,让其他同学观看优秀作业,激发学生的进取心,调动孩子们的积极性。(3)上课期间,我会随机点名,连线与学生互动,抽查学生是否全程跟进,认真听课。(4)每日的课堂笔记也作为作业的一项,让学生拍照上传,以便我们了解孩子的听讲质量。(5)课后对于无人看护的学生,每天进行沟通,掌握学生的情况。

徐雅茜:(1)因为三年级的学生年龄还偏小,班级和自我管理能力都有待提高,因此,我将全班分成 10 个小组,安排了 10 名组长,每人最多管理 4 名组员。这样既能起到作用,又能都照顾到。(2)每天课前两分钟汇报上线人数、不能上线原因，课后督促提交作业、改错等。（3）语文的知识容量较大，有时白天完不成的，我会留下个"小尾巴"，在征求全班同意的情况下，晚上再加个小课，花十几分钟来听写或者讲解等。（4）学生每天提交的作业，我当天批改、订正，以确保学生知识掌握扎实。（5）随时与家长沟通。

邵娟：（1）因为疫情，学生居家学习，为了提高学生的学习效率，我先将学生划分成9个小组，每组4人，组长负责统计成员的作业、阅读打卡以及生字词的听写等情况。这个小组群我也会不定时地和他们视频聊天，给他们加加油。（2）我采用的是直播的方式，每次网课结束后我都会看一下统计数据，针对个别学生没进群或时间不够的情况，当天会单独和学生沟通。（3）当天的作业会在下午5点之前批完，反馈回去，学生晚7点改完再发给我。（4）每天会在家长群里总结学生的表现，主要以鼓励为主。（5）分别建立了优秀小组、加油小组、托底培优小组。（6）针对个别学生，采用单线联系，微信视频聊天，以便开导他。（7）充分利用家长，群里表扬做得好的家长，让家长教家长。

宫雪丽：今天是线上学习的第三天，从早读开始，学生就出现了两种情况：一种是不到6点就起床朗读；另一种是8点了还找不到人。所以，我认为，提高居家学习的效率，首先从习惯抓起。（1）制定作息时间表，增强学生学习自主性。我每天都会制定一份作息时间表，来合理地安排时间，发到班级群，以稳定学生的学习情绪。这份作息时间表每天也会被各小组组长发到小组群互相提醒。（2）增强沟通，及时反馈。每天学习前，我会对前一天的上课、作业、小组交流等情况进行点评，表扬优秀的学习小组和积极上进的学生，让学生取长补短，共同提高；表扬主动问问题的学生，让学生通过与小组里其他同学的讨论，来确保自己对所学内容的理解。（3）制订家庭学习制度和小组评价方案。我会要求家长给孩子创造一个安静独立的学习区域。在学习时，孩子最好回到自己的房间，关上门隔绝外界的打扰，营造一个安静的学习氛围。书桌上只摆放需要的学习用品，保证房间的温度和通风，营造利于学习的房间环境。（4）小组内通力合作，扩大学习资源。评价以小组内捆绑式评价为基础，通过自我评价、小组评价、教师评价的方式来提高居家学习效率。比如，学生完成学习或者作业后，组长会布置相应的补充学习任务，大家一起通过比赛、游戏等形式来完成，不仅提高了学习效率，也提高了自我管理能力。（5）家校合力，互通有无。无论是学习还是生活，天天居家难免有矛盾冲突，教师与家长要及时沟通，互通有无。在这特殊的日子里，家长们需要班主任的指导，需要对孩子进行思想教育，更需要亲子沟通方面的教育指导。学习任务重了需要沟通，思想偏颇了需要沟通，所以在这特殊的时期，老师、孩子、家长的压力都特别大。听听音乐、看看书、看看电影……缓解大脑疲劳的同时，更有利于接下来计划内容的高效完成。

【心理干预——线上主题班会案例】

小行为，大改变

（一）教学目标

（1）通过班会，帮助学生顺利度过线上学习期间。

（2）经过事例讲解，引导学生亲身感受自我行为习惯偏差，激励学生及时纠正不良习惯，增强团队凝聚力，增强集体荣誉感。

（二）教学方法

收集资料—交流心得—反思总结。

（三）教学过程

1. 创设情境，引入主题

猜猜看：我不是你的影子，但我与你亲密无间；我不是机器人，但我全心全意听命于你。对成功的人来说，我是功臣；对失败的人来说，我是罪人。培训我，我会为你赢得整个人生；放纵我，我会毁掉你的终身。我到底是谁？——我平凡得让你惊奇，我就是习惯。

2. 回收过往，分享收获

（1）小组交流。

（2）全班汇报。

3. 深入生活，反思总结

（1）回忆自己线上学习期间的学习状态。

（2）班主任总结。

（3）共同制定《线上学习公约》。

4. 做好今日，赢得明天

略。

（四）活动反思

因疫情反复，学生不得不返家进行线上学习，相较于线下，线上教学不论是对学生还是对教师，都是更大的挑战与考验。学生需要更加自律，才能克服怠惰，不掉队；教师也需要付出更多努力，认真备课，才能在互动减少的情况下，依旧取得较好的教学效果。

专家点评

线上学习远比线下要枯燥乏味，也更加考验全体同学的自律能力，拥有良好自律能力的同学很有可能在线上学习结束后，弯道超车，成为黑马；而自律能力差的同学，或许会成为逐渐下沉的"星星"。"唯有行动才能消除所有不安"。

——青岛李沧路小学　王平

中篇　家校共育

——助力班级管理

你会沟通吗

青岛李沧路小学　宫雪丽

【问题提出】

家庭是孩子的第一所学校，父母是孩子的第一任老师。孩子在成长的路上，会遭遇种种"成长的烦恼"，特别是二孩政策开放以来，亲子沟通不和谐导致的学生心理问题越来越严重。经历了新冠疫情的洗礼，亲子沟通障碍成为现阶段家庭教育最大的问题。亲子沟通不仅需要态度，也很需要智慧。一个合格的家长不是与生俱来的，成为"智慧家长"更需要老师的帮助和建议。

【问题分析】

在家庭中，很多家长过多地关注孩子的物质需求，而忽视了孩子的精神需求。随着年龄的增长，父母总觉得和孩子无法沟通，孩子也觉得和父母无法沟通，其实不仅仅是沟通的内容会有差距，甚至在表达的能力与方式上，孩子与父母也是有差距的。当遇到问题时，孩子无论是通过语言还是肢体语言向家长表达时，目的都是寻求一种心理的一致感，希望父母能够设身处地地从孩子的角度看问题，去感受孩子的内心世界，能够从孩子的处境来体察他们的思想行为，了解他们的内心感受。而通常情况下，家长的看法过于简单，往往说一句："这么简单的事你都想不通啊？"或者说："这才多大个事，别想了。"这样的沟通不但没有效果，还会让孩子对沟通失去信心，甚至打击孩子的自信，让他觉得：这么简单的事情我都想不通，看来我问题真的很大啊。此时，心理问题产生，沟通障碍正在逐渐形成。而有效沟通作为家长与孩子心理一致感的中介效应，是我们本次研究的主要内容。

【问题研讨及解决策略】

主持人： 请老师们结合班级管理中的具体案例，谈谈自己是如何进行亲子沟通的有效指导的。

靳艳霞： 上学期我们班小邵同学的家庭迎来了一个新成员——弟弟。我知道这个情况是因为发现一向积极主动的他变得有点异常，上课经常魂不守舍，偶尔还会大声嘲笑同学，最严重的一次是和某学科老师顶嘴。我及时联系孩子妈妈，妈妈才说明情况：觉得他平时很乖巧听话，所以在二胎的问题上没有过多预设与铺垫；加之那段时间大家都围着小的忙活，没注意到他的情绪发生如此大的变化。我和孩子妈妈平心静气地聊孩子之前在学校的表现、近期的异常。从心理学方面透过现象找本质。我们达成一致意见，在学校我尽量提供平台，让其闪光点得以发扬，再利用课间操时间、中午时间做工作。妈妈在家要有意培养哥俩的感情，照顾老大的情绪。一周后我们交流意见，及时总结，经过几周的反复，孩子和妈妈沟通得越来越顺畅，在学校的表现也越来越优秀，现在成了我得力的班干部。

孙杨锋： 二胎放开后，不少处于青春期的孩子觉得突如其来的小弟弟或小妹妹剥夺了父母对自己的关爱，对自己的小弟弟或小妹妹异常冷漠。我们班的小 X 就是其中一个，孩子妈妈迫于无奈，向我求助。我和孩子父母面谈，建议他们不要忽视小 X 的感受，尽量分工，比如孩子妈妈主要照顾小弟弟，孩子爸爸则多关注小 X，周末适当地领着小 X 出去玩玩；建议他们业余时间多听一听教育专家的相关讲座，多读相关书籍，借鉴相关教育方法。另外，我单独和小 X 沟通，听他倾诉委屈，在表示理解的同时，我也利用《我不是最弱小的》一文，让他意识到因为刚出生的小弟弟缺乏自理能力，是最弱小的，所以爸爸妈妈给予了他更多的关爱。作为哥哥，你也应该照顾最弱小的弟弟，为爸爸妈妈分忧解难。渐渐地，笑容又出现在小 X 脸上，孩子妈妈也反映孩子懂事了许多。

邵娟： 上周五托管放学后，我们班的一个女生小琪步行回家，淋成了落汤鸡。她妈妈打电话歇斯底里地跟我说："早上走之前就告诉她，爸爸今天出差，晚点儿回来，让她在学校传达室等着，她就是不听，非得自己走回来，简直把我气死了。"说完她非要让小琪接我的电话，孩子就是不接，反过来抢手机、摔手机。我在电话那头听到母女俩的争执，马上告诉她母亲，等周一我和孩子当面沟通吧。周一到校，和孩子深度沟通，我了解到：自从二年级她有了小弟弟后，妈妈不再管她，爸爸负责她的学习，而爸爸对她要求比较严格，几乎不表扬，而且经常不自觉地拿别人家的孩子和她比，时间长了，她就比较自卑，不自信。虽然她成绩比较优秀，但是慢慢大了，叛逆也来了，凡事都和父母对着干，而且越来越内向。了解情况以后，我和她父母进行了沟通。（1）平时要多鼓励，少批评。（2）不要和别人家的孩子进行比较。（3）与成绩相比，要多关心孩子的生活起居，让她感受到你们的爱。（4）多和老师进行沟通。

沟通以后，这对父母开始改变，现在这个孩子明显开朗多了，叛逆也不是那么明显了。

王慧：好孩子都是培养出来的，经常对孩子的行为加以肯定和认同，增强孩子的自信心，对孩子的健康成长有着极为重要的作用。孩子都有被认可、被赞美的愿望，恰当地赞美是孩子进步的动力，一句赞美的话往往会让孩子受用一辈子，改变孩子的一生。当孩子取得进步的时候，家长要及时夸奖：你太棒了！你真行，爸爸妈妈都应该向你学习！这些话本身就给人以很大的满足感；同时要善于在打磨中思考和总结，对于单件事情看深度，对于多件事情看深度和广度。

韩巍：现在由于二胎导致的亲子关系不和谐的案例真的比比皆是。首先，家长更应该关注老大的成长及心理变化，让老大知道父母一如既往地爱他。其次，要让老大有参与感和责任感，在一些事情上让老大决定，而不是说"大的就应该让着小的"。久而久之，老大也会加入照顾弟弟妹妹的行列。

崔艳：孩子们平时课下与我聊天的时候，也会跟我抱怨家长对自己和家中弟弟妹妹的"区别对待"。感觉爸爸妈妈格外宠爱自己的弟弟妹妹，对于自己却像捡来的似的。

针对这样的情况，我跟孩子们聊的时候，希望他们能够学会成长，有担当：一方面，你们是家中的一分子，作为老大，是弟弟妹妹的榜样，你们彼此是互相依靠的存在；另一方面，你们在爸爸妈妈心目中的地位是一样的，并没有出现什么偏移。我在跟家长沟通的时候，强调了一定要关注到家里每一个孩子的成长，特别是家里的老大，他们现在的阶段正是小升初的关键期，不可轻视。平时要多跟孩子聊聊学校生活、学习生活，关注他们的心理变化。

宫雪丽：前几天接到一位家长电话，投诉儿子不懂尊老，原因是在她教育孩子（揍孩子）时，孩子还手了。我了解了孩子挨揍的原因，是考试成绩不理想，这个事我正好前一天和孩子谈过。孩子给我的分析是，对于英语阅读题接触少了，加上基础不扎实，导致成绩不理想，也表示准备找点阅读题练练。孩子认识很到位，我也表示同意，结果回家挨了一顿揍，孩子不服气，还想离家出走。这是一个非常严重的沟通不和谐的问题。我通过主题班会的形式了解到孩子们内心的想法，也发现了不同情况下孩子们存在的心理问题，做了有效的沟通和疏导后，又给这位家长打了电话。首先批评了家长的教育方式不对，然后帮她分析了孩子的心理和现状，告诉她，孩子很想进步，需要我们的帮助，指责和打骂只能打击孩子，把他推向自暴自弃的深渊。我们应该和孩子在一起"打败"问题，而不是和问题一起"打败"孩子。这周的合唱比赛，孩子要作为领唱登场，看到孩子充满自信的样子，我觉得近期的家庭教育是有效的，亲子沟通是和谐的。

主持人总结：自疫情以来，很多班主任都发现了孩子们心理方面的问题越来越严重，今天的交流也提到了很多真实的案例。孩子问题、家长问题，亲子沟通、家校沟通，作为班主任，我们任重而道远！前行路上，我们一起探索、一起提高，一切为了孩子！

【心理干预——家庭教育指导案例】

亲子沟通乐融融

（一）教学目标

体验亲子沟通，感悟有效方法，和谐亲子关系，提升家庭教育效能。

（二）教学方法

破冰—感受—应对—体验—分享。

（三）体验

营造体验场，发生生命感动，感悟性表达。

（四）教学过程

首先，我来做一个调查。

今天在座的现在或未来属于二宝家庭的请举手。在家庭教育方面最大的问题可能就是亲子沟通了。今天，围绕"亲子沟通乐融融"这个话题，我们来谈谈亲子沟通。

活动前，我们要明确一下亲子沟通的目的（课件出示）：

（1）化解冲突，让孩子自主成长。

（2）预防矛盾，引导孩子健康成长。

第一环节："四问"破冰，引发思考

我这儿有四个问题，我们分成4个小组，每组一个问题，讨论后将答案写在白纸上，一人代表发言（时间5分钟）。

（1）平时，您是如何与孩子沟通的？

（2）儿子：今晚我不想吃饭。结合生活实际，想象场景，请您写几句对话。

（3）有一天，孩子放学回家跟您说："我们的老师不公平，我和小明的语文作业都没完成，为什么老师只批评我，不批评他？"您会如何回应？（至少写5句）

（4）您的好朋友到您家做客，你们在客厅聊天。孩子要在客厅看电视。他打开电视，声音开得很大，让您和朋友无法谈话。这时候，您对孩子怎么说？（至少写5句）

第二环节：感悟方法，寻找应对技巧

（1）平时，您是如何与孩子沟通的？（家长代表发言）

平等与尊重。（谈话姿势、动作、语言、语调）

爱。（您爱你的孩子吗？您的孩子爱您吗？您的孩子感受到您的爱了吗？）

信任。（信赖，不就是一种美好的境界吗？——心理能量）

掌握亲子沟通技巧，才能为有效沟通打下基础。

（2）儿子：今晚我不想吃饭。结合生活实际，想象场景，请您写几句对话。

接纳理解、引导支持，比建议、命令更有效。

（3）有一天，孩子放学回家跟您说："我们的老师不公平，我和小明的语文作业都没完成，为什么老师只批评我，不批评他？"您会如何回应？（至少写5句）

这个问题也是我们平常会遇到的，但是有些家长做得不够到位或者片面地相信孩子，对孩子的价值观没有正确地引导，更会造成家校矛盾。

（4）您的好朋友到您家做客，你们在客厅聊天。孩子要在客厅看电视。他打开电视，声音开得很大，让您和朋友无法谈话。这时候，您对孩子怎么说？

通过引导家长角色互换来理解孩子的心理，帮助家长寻找合适的沟通方式，引导孩子自主解决问题。

第三环节：游戏互动，体验亲子沟通

游戏：我说你撕

准备：每人两张 A4 纸，先每人发一张，家长闭上眼睛，不准说话，不准提问，按照要求做就可以了。

师述：将纸对折，再对折，撕下右上角，再对折，旋转 180°，撕下左上角。睁眼，打开，每个人撕得都不一样。第二遍，睁眼，听指令，可以提问，您有何感想？

第一次，单向沟通，虽然说得很清楚，但家长未必都听到了；或者即使是听到了，但未必听懂了，所以呈现的结果会很不一致。第二次，双向沟通，仍然会出现不一致的地方，是因为家长没有抓住关键的信息，比如说对折后开口朝哪个方向等。在沟通的过程中，无论是信息的发布者还是信息的接收者，都要把握好关键的信息。任何沟通的形式及方法都不是绝对的，这也印证了"沟通无极限"的道理。

第四环节：分享表达，提升家教效能

生活中，您是如何向他人介绍您的孩子的？（2 人）

您想知道，您的孩子想让您如何介绍他吗？（视频）

孩子：你想让父母如何介绍你？

生活中，有的父母总是习惯性替孩子做出人生规划，要求孩子按照自己设定的人生之路来走。可从人性的角度来讲，没有人会喜欢时时处处被人管着，人都有对自由的渴望。孩子是独立的个体，父母要平等对待孩子，善于发现孩子身上的闪光点，充分尊重孩子的意愿和选择，和谐有效地沟通，让我们和孩子一起"打败"问题，创造出一个孩子不一样的未来。

（五）活动反思

亲子沟通有问题，很多家长从来没有想过，或者说，直面沟通障碍时，也不认为是很严重的事。再或者说，承认沟通有障碍时，也认为是孩子不听话、不懂事。在亲子交往过程中，很多家长都觉得自己没有问题，或者说，发现不了自己的问题。课堂上的四个小问题都是常见的，所以家长们讨论后，发言的家长表现得很真实，说出了自己的想法和做法，不发言的家长看似在听取别人的意见，实则对这样的交流不屑一顾。当老师通过家长的表达，引导他们了解到孩子的心理的时候，很多家长有了反思。但简单的说教效果仍然不大，后面的撕纸游戏，让家长们亲身体验到了单向沟通与双向沟通的差距，身教重于言教，结合自身实例再反思，会发现自己存在的问题，从而在以后的亲子沟通中扬长避短。

专家点评

年青一代的父母，和孩子沟通时更多的是为了满足孩子，长此以往，弊大于利。所以，沟通看似一个简单的问题，却有很多方法和技巧，这种家庭教育指导案例也是家长能够欣然接受的。

——青岛王埠小学　蓝芳

如何促进小组成员间的有效合作

青岛市崂山区凤凰台小学　宫姣

【问题提出】

现如今，无论是线上学习还是线下的班级管理，往往都离不开班级的合作小组。在学校，每一项活动都需要小组成员共同参与，合作小组就像班级中的一个小集体一样，只有这个小集体中的每个人都团结在一起，才能使这个集体更加优秀，因此拥有一个和谐的合作小组至关重要。但是，在小组合作过程中，我们往往发现，有的小组出现了"一拖几"的现象，即一名组长整天催促组员完成各项任务，现在的线上学习小组大多出现这样的状况；还有"几托一"的现象，如在小组交流汇报等环节，某个小组成员犹如一枝独秀，其余成员则为忠实的"听众"；还有的小组内部经常因为各种分工而发生矛盾……那么，如何使小组成员间的合作和谐而有效呢？期待您的分享。

【问题分析】

随着社会的发展，团结合作精神成为人际交往必备的心理品质。当前小学生多为独生子女，与伙伴共事时多以自我为中心，在团体中缺乏人与人团结合作的能力，或者不加分析地接受大多数人认同的观点或行为。心理学上的"从众效应"，有其积极因素，也有其消极影响，因此小组合作成为班主任发挥"从众效应"积极作用的有利"武器"。

【问题研讨及解决策略】

李萌：俗话说："鸟无头不飞，兵无将不勇。"没有组长的组织和指挥，学

65

习小组只是有名无实。在线上学习期间，小组总会出现优秀者和相对薄弱者。"一帮一"式合作，即根据学生的学习成绩、学习习惯、性格、兴趣等因素进行"一帮一"式组合。这种方式适度引进竞争机制，以增强学生的集体荣誉感，培养学生互助合作的精神。

靳艳霞：线下教学时我们班分成了4个大组，每个大组又分成了3个小组。线下教学时课上这三四个人轮流做组长，都有具体分工，组织分工、记录、汇报。现在线上教学时间紧、任务重，讨论交流时间不充足，因此我们以大组形式活动，主要是课堂参与、作业互帮、平日班级活动评比等。根据以上内容，我给每个学生都设计了一个自我评价表格，学生每天自我评比，周末小组评比，分析本周收获与不足。复课后集体交流反馈，颁发证书。

王慧：居家期间，小组合作学习模式有着不可或缺的重要地位和作用，它不仅能系统地管理学生的学习生活，而且在一定程度上能提升学生多方面的素质水平，如小组长的组织能力、管理能力和总结能力，组长与组员的语言组织和表达能力、与人沟通和交流能力、思维辩论和思维拓展能力。但是小组长的工作量是很大的，要想调动组长的积极性起到好的带动作用，需要班主任多鼓励、多奖励。有些组员确实存在拖不动的现象，我觉得可以让小组群成员晚上进行视频会议，做好一天的总结，大家把好的经验方法分享一下，同时互相聊聊天，拉近与组员之间的关系，还可以适当起到督促作用。

孙杨锋：（1）合理组建小组并明确组长职责。一般来说，根据组间同质、组内异质的原则，把班级学生分成5~8人的学习小组。每组尽量安排一个自律力强、负责任、比较善于沟通的孩子当组长，组长负责每天课堂考勤，督促组员及时提交线上作业，并将每天作业完成情况及学习中出现的问题及时上报给老师。（2）一日一反馈，一周一总结。每天，教师要根据组长上报情况，提炼出共性的问题，做好线上答疑，还要对各组每天学习效果进行检查评比，及时在班级群内反馈。每周，教师要在班级群内针对一周的学习情况进行小结，主要展示同学们线上学习中好的做法，为学生创造一个展示自我的平台，从而增强他们线上学习的自信心。此外，教师每周还要评选线上学习小标兵和线上学习优秀小组并适当给予奖励，从而激发小组内和小组间的良性竞争。

宫雪丽：这次线上学习，合作小组发挥了很大的作用。我是这样做的：首先，分工明确，让每一个人都有事干。每个小组6个人，除语数英小组长外，另外 3 人，一人负责早读及上课的提醒与签到，一人负责当天学习总结，一人负责统计小组当天的分数。这样小组明确分工，大家各负其责，互相之间没有矛盾，小组中出现了竞争和进步。其次，进行个人评价与小组捆绑式评价相结合的评价模式。每天的评分既有个人的总分，又有小组的总分，这样就出现了既有个人的竞争，又有小组的进步。最后，以小组为单位，加强课外练习。这同样是小组加分的重要一项。无论是语数英的课外练习与补充，还是体育、劳动教育的实践研究，每天的课外活动都会给小组加分，学习之余，丰富了学生的课外活动，而且这种活动是自发自愿的、心情愉悦的。

对于老师来说，合作小组是课堂教学拓展与延伸的途径；对于学生来说，合作小组是自我展示与发展的平台。工作都让学生们做了，教师们能做的就是评价评价再评价，表扬表扬再表扬，加分加分再加分！

崔艳：小组合作首先我们得信任学生，多给学生机会，学会等待，坚持学生能做好的老师不做，学生能表达清楚的老师不说。哪怕现在没有做好，以后能做好，也很好。要让学生以小主人的姿态投入小组及班级活动中，每个孩子都有自己的特点，当他的个性特点得到展示，他就会收获欢乐与尊重，变得阳光自信；同学之间相互沟通、合作，更容易交到朋友，有利于身心健康。另外，教师还要让每个学生真正体会到自身的价值与团队的重要性：我很重要，我要做最好的自己，我要为小组争光。

邵娟：网课学习期间，为了充分发挥每个同学的力量，我把全班 39 人分成 6 组，每组 6~7 人，以组长为主，主要负责组织每天的晨读、登录提醒、通知传达、交流学习等工作。每天的网课，小组长会记录组内成员是否上线，然后汇报给老师，这样就省去了老师点名的时间。下午我会把钉钉群没提交作业的名单发给小组长，由小组长去督促完成。小组长还会根据作业的难易度组织成员进行讨论交流，而且每周小组长还会抽出一个晚上进行晚间读书交流会：一方面让同学们感受一起学习的氛围；另一方面也可以让同学们聊聊天，放松一下。这些活动对于小组长来说，要求其责任心和组织能力很强，所以我会不时地给他们开会，及时总结，鼓励表扬干得比较好的小组长，并且指出下一步工作的方向。每周会根据每个成员课上以及作业完成情况，评选出最佳小组和进步小组，进行表扬、颁奖。小组帮扶，共同提高，真正发挥小组合作学习的作用。

主持人总结：有效的小组合作既帮我们实现了师生、生生之间的全方位、多层次、多角度的交流互动，让学生充分体会到满足感与成就感，同时在班级管理中，可以促进班集体良好班风的形成。所以，我们在课堂教学或者班级管理中，要对学生进行科学分组、有效指导、相互评价、及时总结，让孩子们学会合作、乐于合作，不断促进小组间的有效合作。感谢大家的分享！

【心理干预——主题班会案例】

团结合作

（一）教学目标

知识与能力目标：通过本节课的活动，学生体验到团结合作就是大家在互相信任、互相支持、互相配合、互相帮助中一起把事情做好。知道团结合作力量大，从而认识到团结合作在人际交往中的重要性，并学会与人合作，掌握一些与人合作的经验和方法。

情感态度与价值观目标：学会从实际生活和学习中体验与感悟，学会团结合作，并在活动中感受团结合作带来的成功喜悦。

过程与方法目标：通过故事、游戏和讨论活动，让学生参与其中，亲身感受到团结合作带来的乐趣。

（二）教学重点、难点

（1）了解团结合作的重要性和必要性，体验团结合作带来的快乐情感，增强合作意识。

（2）初步掌握如何进行团结合作，培养合作能力，并感受团结力量大。

（三）教学过程

1.故事导入，感悟团结合作的重要性

师：孩子们，听过《三个和尚》的故事吗？一起来看视频。播放动画片。

请你边看边想：三个和尚到最后为什么没有水喝呢？

生：他们不够团结，只想着自己。

生：不想合作，只想偷懒。

师：这个故事告诉我们什么呢？

两个学生回答。

师小结：说得很好！生活中很多事情都需要我们与别人团结合作，只有这样，才能使双方都得到好处，开出的花朵才最芬芳。

（引出课题，板书"团结合作"）

师：谁来说一说，什么是"团结合作"？

生：团结合作就是大家在一起要互帮互助。

生：团结合作就是在做事情时大家齐心协力，努力把事情做好。

师：团结合作就是我们所倡导的团队精神。

2. 经典故事，感知团结合作的价值

师：接下来，我们来看一个故事。

绝处逢生的蚁群

在南美洲的草原上，发生过这样一件令人惊心动魄的事。一个秋日的下午，一片临河的草丛突然起火，顺着风游走的火舌像一条红色的项链，向草丛中央一个小小的丘陵包围过来。丘陵上无数的蚂蚁被逼得连连后退，它们似乎除了葬身火海已别无选择。但是就在这时，出乎意料的情形出现了：只见蚂蚁们迅速聚拢，抱成一团，滚作一个黑色的"蚁球"冲进火海。烈火将外层的蚂蚁烧得噼啪作响，然而，"蚁球"越滚越快，终于穿过火海，冲进小河。河水把"蚁球"卷向岸边，使大多数蚂蚁绝处逢生。

这个故事又带给你怎样的启示呢？

指名交流。

这个故事告诉我们：在集体中，团结就是力量，同心山成玉，协力土变金！只有懂得团结的人，才能明白团结对自己、对别人、对整个集体的意义，才会把团结当作自己的一份责任。团结就是力量，只有团结起来，才能化险为夷、战胜困难。只因团结合作，这些蚂蚁才得以绝处逢生。

（板书：团结）

3. 情境体验，感受合作的意义

（1）游戏体验。

老师这里有一个瓶子，里面有5个拴着绳子的小球，现在请两组同学（每组5名）参加游戏，其余同学在下面当裁判，在听到老师的口令后，看哪一组的5个同学在最短的时间内把5个彩球从瓶子中拉出来就算获胜，好不好？记住瓶口只容得下一只小球。

师：让我们以热烈的掌声对获胜的小组表示祝贺。谁知道他们获胜的秘诀？

学生发言。

（2）合作交流。

全体同学按照事先分好的 4 人一小组，说说自己的经历和体会。

师小结：这是一个快乐游戏，我想大家充分地体验到了组内合作、组外竞争的紧张气氛。大家都发现在拽小球的过程中需要团队的配合，只有配合好了，才能在最短的时间内获得求生的机会，稳中求胜。游戏不是为了输赢，而是为了一次完美的配合。

成功需要攻坚克难的精神，更需要团结协作的合力！

4. 唤醒生活体验，寻找合作秘诀

（1）大家现在回忆一下，生活当中，你还见过哪些团结合作的成功实例？

生：大扫除、拔河比赛、运动会……

（2）有没有哪名同学愿意跟我们分享一下跟别人合作完成某件事的经历呢？

师：瞧，今年暑假，为响应上级号召，咱们班的许多少先队员顶着炎炎烈日，以社区为单位，参加"走进'老年人活动中心'、慰问'孤寡老人'"等实践活动，他们共同协作，为老人们打扫卫生，收拾家务，陪老人们聊天说笑，这一张张笑脸记录着那美好的一瞬间；这张是云功等同学在乐客参加的"读晚报，做微尘"公益售报活动，是大家齐心协力、众志成城为山区的孩子们送上了最美的礼物。

师：孩子们，这是残奥会上的千手观音表演、2008 年万人开幕式表演……小到班级，大到全国，这种民族的凝聚力，又为团结合作注入了新的内涵。

（3）生交流，师及时总结归纳。

根据学生回答，教师梳理小结"合作秘诀"（课件展示）。

主动倾听　有效交流

相互信任　自我负责

发现他人的长处

宽容同伴　鼓励队友

（4）出示团结协作的至理名言。

师：老师也收集了一些团结协作的至理名言，请看大屏幕，大家一起来读读。

5. 落实团结协作，实现梦想计划

（1）孩子们，你能运用今天所学的团结协作的知识，来为上课伊始我们提到的三个和尚的喝水问题写一两个解决方案吗？试着在小组内交流分享。

（2）师：通过今天的学习，你明白了什么？都有哪些收获？

生：我明白了现代社会中学会团结合作的重要性，只有善于团结合作的人，将来才能实现自己的理想……

生：我明白了个人的力量毕竟有限，只有学会团结，才最有力量。

师总结：团结合作的目的是提高工作效率，发挥每个人的长处，但有些工作还是需要我们独立完成的。生活中会有许多地方需要人与人之间团结协作，老师希望大家不仅在游戏中能够发挥团队作用，更要在生活中、学习中有效地团队合作，快乐地生活。谢谢！

宝贝，你想成为妈妈的手机吗

青岛市李沧区君峰路幼儿园　李超

【问题提出】

五一假期带孩子去书城参加活动，在小蓝鲸阅读馆我看到一本书《我想变成妈妈的手机》，读来觉得很受启发。在我们的家庭和生活中，手机已然成了必不可少的工具。随着智能手机的出现与不断升级，人们越来越离不开手机。同时，手机带来的家庭教育问题也随之产生。因此，作为班主任，如何引导家长在家中正确使用手机，如何让孩子成为使用手机的监督员，与父母形成良好的亲子关系，而不是因为手机，大家形同陌路，越来越疏远，甚至产生矛盾。今天我们就来聊一聊这个话题。

【问题分析】

"妈妈总爱看手机，爸爸也盯着手机玩游戏，就不陪我玩！""爸爸妈妈都在玩手机，为什么我就不能玩！好想赶快长大，有我自己的手机啊！"可能这是诸多家庭中诸多孩子的心声吧。就像绘本《我想变成妈妈的手机》中描述的一样，孩子之所以有这样的呐喊，从潜意识层面是在告诉家长：我需要你的关注，请你看看我吧！而作为父母，他们也许有着很多无奈，内心也会说："我也不想看啊，可是得用手机报表、接龙，还不是为了孩子！"手机带来的好处毋庸置疑，但带来的家庭教育中的弊端也是值得我们反思的问题，甚至在饭桌上，从有事没事拉个家常也变成了"有事没事看个手机"，这一现象在我们中国家庭普遍存在，工作的时候忙于工作要看手机，闲暇的时候娱乐休息也要看手机，那么，如何在家庭中管理好手机？如何不让手机剥夺了我们与孩子沟通交流的机会？我想，这是诸多家庭迫切需要解决和指导的问题。

【问题研讨及解决策略】

徐雅茜：想想自己，真的是下班回家后大多数时间都在看手机，甚至吃饭时都是一边吃一边拨弄着手机，有时跟孩子说着话也会因为手机的打扰而断断续续。我想，如果说回家以后不看手机，全心全意地陪孩子，至少对于我们这份工作而言是不可能的了，只能说尽可能多地抽出时间，没有工作的时候就放下手机，不要因为刷抖音、微信耽误陪伴孩子的宝贵时光。

王慧：国内首份《2014国民家庭亲子关系报告》显示，如果父母不与孩子进行足够的交流，孩子就很容易出现"缺爱"症状，人际关系以及思考能力也会受到影响。"缺爱"症状严重时，可能会引发反社会型人格障碍。因此，父母的言传身教非常重要。

孙杨锋："世界上最遥远的距离是，我在你身边，你却在玩手机。"我觉得这句话最能概括出案例中孩子的心声。一头扎进手机、难以自拔的家长们，殊不知自己和孩子间的亲情渐行渐远。

我认为父母低头玩手机，长此以往，有三大危害：（1）孩子感到自己被父母冷落了。（2）孩子很可能会效仿父母的做法，也开始热衷于低头玩手机。（3）到头来父母会反过来为孩子沉迷手机而痛苦不堪。

我给玩手机的家长朋友们提的建议是：陪伴孩子时，放下手机，拿起书；多和孩子开展些有益的交流互动，做一个好榜样。

邵娟：我看过一个动画片《你错过的，是我的长大》，短片中的场景，也是很多父母都面临的难题：孩子在左，手机在右，到底该如何选择呢？

作为父母，我们也不是真的喜欢玩手机，而是很多事情的确无可奈何。其实，在关于如何当好父母这件事上，不管你是谁，人生难免都要面对这样的难题。所以，如果我们做不到时刻陪伴孩子，但愿我们陪着他的时候，每一时刻都是专注的。所以，我们工作就努力工作，玩就好好陪孩子玩。所谓的高质量陪伴，与陪伴时间长短无关，而是能懂得孩子的语言和感受，能用轻松融洽的方式和孩子沟通与相处，并带给孩子满满的安全感和亲密感。

韩巍：如果孩子缺少父母的陪伴，不但内心会缺乏安全感，而且性格也会变得敏感，并逐渐变得孤僻，不愿意和别人交流。现在我们的生活处处离不开手机，手机对于孩子尤其是幼儿的影响，我觉得是弊大于利。生活中，我们经常会看到，孩子用手机看动画片，浏览小视频。这一行为不但损害孩子的视力，还会影响孩子的专注力。所以，父母无论是生活还是工作，都尽量不要在孩子面前过多地使用手机。倡导父母在家里准备手机收纳袋，回到家后不要随便拿出手机，给予孩子多些关注，和孩子多些互动与交流。当孩子需要使用手机时，家长需要多去引导并适当监督。

崔艳： 大众低头玩手机的现象产生了一个新的名词："低头族"。"低头族"是指持续地或过度地使用手机而忽略或冷落他人的现象。遭受忽略或冷落的人会产生一系列消极情绪，长期下去还可能导致严重的心理问题。因此，"低头族"行为已成为许多心理学研究者共同关注的焦点。而父母低头玩手机，最直接的影响就是孩子。

我们可以在家庭内部"约法三章"。规定在什么时间、什么情况下可以玩手机，包括玩的时长、玩的软件等。孩子最需要父母的陪伴，而陪伴时最重要的是父母以身作则，要求孩子做到的父母首先做到，要求孩子不做的父母首先不做。

靳艳霞： 手机是一种非常重要的生活工具、学习工具、工作工具，为人父母者都在快节奏的生活中奔波劳碌，工作不再局限在工作单位中的八个小时，回到家依然有诸多工作等待处理，所以，要求为人父母者回家全身心陪伴孩子不现实。但我们建议家长合理安排时间，每天安排出与孩子、家人沟通交流的时间，这个时间段父母要高质量陪伴孩子：可以聊天，可以亲子活动，也可以辅导作业。但也不需要避讳孩子用手机来完成工作，让孩子明白家长工作的不易。作为家庭的一分子，孩子应该明白生活的艰辛、父母的不易，从小明确自己的责任。

李萌： 这个话题太好了！"放下手机走进阅读"不正是我们想看到的吗？（1）陪读：做"真阅读者"。环境上：设立"亲子书屋"或"家庭阅读角"。时间上：每天保证一定时间的阅读，规定每天亲子阅读的时间。空间上：经常带孩子去书店或图书馆，与孩子一起徜徉在书海中。放下手机，家长首先要成为一个阅读者。（2）陪聊：做"真交流者"。① 读前聊书，引导阅读。② 读中聊书，不同年段可以有不同的聊法。一、二年级："亲子朗读"。三、四年级："复述故事"。五、六年级："创造性复述"。③ 读后聊书，拓宽主题。（3）陪记：

做"真记录者"。一天一记录、一周一总结、一月一分享。

当我们在时间和空间上形成模式，放下手机，走进阅读，高质量的陪伴也就离我们近了。

宫雪丽：对于这个话题，我今天利用托管时间组织了部分孩子做调查，多数孩子反馈家长回家后，用手机的时间比较长，但孩子们非常理解家长，认为家长工作的时间比较多，也能够理解家长离开手机会耽误工作，或者会影响挣钱。对于如何监督家长使用手机时间过长的问题，孩子们提出了如下建议。（1）转移家长注意力。和孩子一起练习书法，一起亲子运动，一起读书，等等。（2）制定家规，约法三章。比如，每周至少安排一次全家进行户外活动时间。（3）合理安排工作和看手机休闲时间。

这些监督建议都很不错。还有的孩子提出了在手机上设置使用时间、删除抖音等软件、设置开关机时间等。其实，孩子们的所作所为都在成人的眼中，而成人的所作所为也都在孩子们的眼中。发挥榜样作用不仅对孩子重要，对老师、对家长同样重要。

主持人总结：自疫情发生以来，很多班主任都扑在了报表、填表的过程中，回到家更是要时常关注群消息，是不是又下发了新的材料和要求？家长接龙是否完成了？等等。今天的交流老师们也是有感而发，提到了很多真实的案例。虽然离不开它，但我们也知道它对于家庭教育而言潜在的危害是什么，更有老师不断思考如何应对与解决，如陪读书、约法三章等方法。可见，办法总比问题多，只要我们想解决，就一定可以找到突破口。在家庭教育中，希望我们作为父母能够言传身教，作为老师能够引领家长们一同努力，给孩子最长情的告白——高质量的陪伴。当我们再次问及这个话题：宝贝，你想成为妈妈的手机吗？愿我们得到孩子坚决而否定的回答。

【心理干预——家庭教育指导案例】

请放下手机，和孩子亲密无间吧

（一）教学目标

共读绘本《我想变成妈妈的手机》，体验亲子共读的乐趣，了解家长需求，倾听家长心声，感悟有效亲子沟通的方法，提升家庭教育中亲子陪伴的质量。

（二）教学方法

破冰吐槽—绘本共读—感受应对—体验互动。

（三）教学过程

首先，感谢家长们在这个午后相约我们"君峰家长大课堂"。今天的线上课堂结合我们以往三长（家长、校长、局长）见面活动的经验，我们还是邀请各位家长代表，请大家像往常一样，积极参与互动与讨论！今年是我们君峰第九届"悦读节"。结合"悦读节"活动，此次三长见面会，我也将与大家分享一本绘本。那么，活动开始前，我先来做一个调查。（小调查3分钟）

今天参与活动的家长们，现在或未来属于二宝家庭的请回复1。爸爸或妈妈平时在家看手机的频率和时间较多的是谁？爸爸多，请回复2；妈妈多，请回复3。谢谢各位家长的参与！

刚刚的小调查我粗略地看了下，现在爸爸妈妈们可以借这个机会，吐槽一下：家庭中手机或电视等电子产品的使用都对我们的家庭教育造成了哪些困惑？或者您觉得家庭中谁看手机的时间过长？（自由讨论5分钟）

手机作为现代化的智能工具，衣食住行处处都离不开它——大到遥控家中电器的关闭与启动，小到拍照与点赞，可以说手机在生活中真是无孔不入。手机让我们的生活的确方便了很多，可它也带来了许多问题。尤其自疫情发生以来，手机在家庭教育方面最大的问题可能就是影响了父母与孩子之间的有效亲子沟通。

今天，围绕"请放下手机，和孩子亲密无间吧"这个话题，我们来谈谈如何提升家庭教育中亲子陪伴的质量。

活动前，我们要明确一下什么是"高质量的亲子陪伴"。（课件出示）

（1）亲子陪伴应该是心理上的陪伴，是以平等的身份、对等的心态陪伴孩子。

（2）亲子陪伴不是陪同，时时刻刻陪在孩子身边并不是真正意义上的陪伴。

（3）孩子最能敏感地感知到，父母是否用心陪伴他们。

第一环节：共读绘本，引发思考

这是我新入手的一本书，五一假期带孩子去书城看到的。今天与大家一起共读这本书，请大家像孩子们听故事那样——认真倾听与思考。（10分钟）

（1）出示课件。

作者简介：信实，1978年4月4日出生于日本东京。以绘本《小宽，你要坚强》在绘本界崭露头角，出版过《阳光小列车》《出发！小电车》《想画画的颜料》等160多部绘本作品，并负责一些引进图书的翻译工作。他还参与了NHK电视台的《和妈妈一起》等动画作品的制作，活跃在多个领域。

（2）讲绘本《我想变成妈妈的手机》。

（3）故事讲完了，家长朋友们听后有什么感受？大家可以随意说，真实表达自己的想法即可。（至少写5句）

第二环节：感悟方法，寻找应对技巧

（1）平时大家有没有关注到自己一天大概玩多少次手机？对比你像看手机那样看孩子的次数有多少？（家长代表发言）

教师小结：孩子来到家庭和你成为一个共同体，这就是人生的缘分，怎样珍惜和孩子在一起的时光？我们知道，当孩子真正离开你的时候，你想和他在一起也很难了。所以，真正在一起的时间是非常有限的，而且在一起本身就是教育。

因为你和孩子在一起吃饭、一起说话，无时无刻不是在进行着交流和学习。心理学有一个很有意思的研究，即孩子的词汇量和父母在家庭交流尤其是在餐桌上交流的词汇量直接正相关。比如，你在谈论政治，这个孩子可能今后对政治感兴趣；你在抱怨，这个孩子可能就会充满抱怨的情绪。家庭发生的一切，都会对孩子产生直接的影响。当我们总是关注手中的手机，那么孩子有一天长大了，也会总是盯着手机不与我们交谈，甚至都不看我们一眼——头不抬、眼不睁。那时，我们心里会不会难过？你能想象到自己黯然神伤的样子吗？

（2）故事第8~11页，讲述了贯太郎与妈妈吵架的过程，再次读给家长听。询问：在您的家庭中是否有过这样的场景？举例简单说明一下。

教师小结：当您觉得孩子不可理喻，突然间冲你大发脾气的时候，我们作为成年人、作为父母，首先要做的就是接纳孩子的情绪。从故事中，我们不难发现孩子的情绪来源是妈妈一直以来对儿子缺少关注与关爱，他积攒了好久的情绪一下子爆发出来，所以冲着妈妈大喊。生活中，我也有过这样的经历，我的反应与故事中的妈妈一样，生气、不解。当我们遇到这类事情时，首先把自己的情绪稳定下来：听到你这样喊，我知道你很生气，可以等你平静下来或者感觉好一点时再跟我说说是怎么回事吗。

（3）在家庭中，如果您与孩子产生了冲突，您是怎样解决的？您是否想控制孩子或者征服孩子，不肯认错？您是否觉得，作为成年人、作为父母向孩子道歉是丢人的事情？（互动发言）我们来看看故事中的妈妈是怎样做的。

教师小结：当我们遇到类似手机的问题时，有时候苦于不知如何解决，就可以借助这样的绘本，直接拿来与孩子共读，便是最好的解答。孩子与您都会豁然开朗。为什么我们说要有亲子共读，要有亲子之间充分的交流？很多父母都以为不要跟孩子多说话，没有什么意义，实际上您说的所有东西，即使他今天不懂，也会成为构成他大脑思维的重要组成部分。阅读的种子是在家庭里面播种下来的。《朗读手册》里面有一首诗："你或许拥有无限的财富、一箱箱的珠宝与一柜柜的黄金。但是你永远不会比我富有，我有一位读书给我听的妈妈。"阅读是让孩子有丰富精神生活的重要源泉，阅读能力的培养、阅读兴趣的培养、阅读习惯的培养是从家庭开始的。

第三环节：游戏互动，共同制定家庭公约

游戏：制定家庭公约

在给孩子们上社会活动课"手机本领大"的时候，我为孩子们提供了一份家庭公约，孩子们写上自己的名字，在下列简单的图表中填写出来，希望爸爸妈妈什么时间看手机？什么时间最好不要看手机？如果看，大约看多久合适？孩子们用自己的方式来表征，可画、可写。家长们不妨也借鉴此图，与孩子一起制定一份手机使用家庭公约。

教师小结：这份家庭公约可以用在生活中的很多方面，比如什么时间看电视？什么时间吃棒棒糖？当我们有需要与孩子协商达成一致的问题时，就可以用到它。我们与孩子们能在一起的时光真的很短暂，或者可以这样表达：孩子们需要我们陪伴的时光真的少之又少，也就那么几年，时光匆匆，甚至都来不及让你回味。因此，在家庭教育中，亲子沟通更重要的是陪伴和共同生活，这会决定整个家庭是否拥有共同的命运，我们提出一个主张：请放下手机，与孩子一起共读、共写、共同生活，重新和孩子亲密无间起来吧！

（四）活动反思

家庭教育是不可逆的，但是可以改变。大部分父母都没有接受过科学的训练、科学的育儿知识的培训，所以父母是经常容易犯错误的。那么，父母一旦犯了错误怎么办呢？最关键的是从今天开始，从当下开始，用更好的方法、更大的热情、更积极的努力、更诚实的态度去改变。

父母要改变孩子首先要改变自己，你对人生、对世界的新认识影响你自己的行为，也将传递到孩子身上，我认为任何时候改变都不会迟，当然如果过了关键期，人是很难改变的，这需要付出更大的努力。因此，这也告诫父母，要在孩子小的时候尽己所能走近教育、理解教育。

专家点评

手机对于家庭教育的影响，家长们也许早就了解，可以说正是因为太熟悉，以至于忽略不计或者说无计可施。那么，如何通过家庭教育指导、引导家长们重新认识这个显而易见且家家存在的问题？本次家庭教育指导课，帮助家长反思自己与孩子间的冲突和处理方式，过去错误的沟通方式和表达方式都以崭新的理念与转变让孩子切实感受到父母的爱一直都在。家庭教育本就不是单方面能够成就的，是需要多方合作与携手才能让孩子们更好地成长。

——青岛王埠小学 蓝芳

班主任，你是如何管理班级群的

青岛明德阳光红黄蓝警苑幼儿园　宋雪婷

【问题提出】

班级群是家校沟通的重要渠道，大部分教师都会通过班级群发放通知和家长联系，大大提高了教师的工作效率。但是班级群也会出现许多问题：一条条"收到"淹没了通知消息、点赞刷屏、矛盾激化、家长随意聊天、发广告……那么，应该怎样管理班级群，做到趋利避害，让班级群真正发挥作用呢？请各位老师支着儿，分享您的成功做法。

【问题分析】

微信群中成员的素质、文化水平与社会地位不同，如果没有明确的群规加以管理和维持很容易造成混乱。微信的优势是打破了时空界限，拉近了人与人之间的距离，但伴随而来的问题是模糊了工作和休息的界限。微信群中家长和学生总是有着无穷无尽的问题，但教师的精力是有限的，不可能一一详细解答。所以也造成了教师线上工作疲于应对的情况，进而在家校沟通方面出现问题。

【问题研讨及解决策略】

孙杨锋：建群之初，约法三章。（1）和教育无关的信息不要发。（2）个别孩子的问题不要发，要通过单独加好友私聊解决。（3）不利于班级团结的信息不要发，要通过单独联系班主任解决。

教师需要格外注意：没有必要发的信息尽量不要发，需要发的信息要言简意赅，可利用腾讯文档让家长填是否收到解决重要信息被刷屏淹没的问题。

家长需要格外注意：先读懂老师的通知再判断是否要回复收到，通过何种方式回复，不要一看到通知就回复收到。

宋雪婷： 孙老师的约法三章值得借鉴，就像玩游戏，先定游戏规则，通过约法三章，首先建立起家长的规则意识，很好地规避了一些不好的做法。

靳艳霞： 非常同意孙老师说的方法。我们班级群负责传达学校、班级通知；科任教师分享学习小妙招，发平时学习视频、活动照片，让家长们了解孩子在校学习生活；班主任如果有紧急重要的通知就发公告，设为群待办。除此之外，还有一个家长群，家委会负责管理，家长在里面互帮互助，解决日常生活、学习中遇到的困惑；收取报纸杂志费、餐费；等等。

韩巍： 现在班级微信群是班主任发布通知、反馈信息和与家长沟通的重要手段。班级群建立后，经过一段时间磨合后，绝大多数家长都会遵守群规则，也会不同程度地关注群里的信息与反馈。所以，我们要用好班级群，使家长能够及时接收重要信息，了解孩子的情况。如果个别学生有问题，我们便要采取与家长单独沟通的方式，而遇到共性普遍的问题时便可以在班级群中与家长交流。在反馈学生情况时要公平地看待每一名学生，多表扬、少批评。在发布通知时，我们可以在每一条通知后加上"不用回复"几个字或类似的话语，可以避免大量不必要信息的骚扰。我们也可以像前面老师说的一样，把群分为交流群和公告群，使家长有所侧重地关注，以免错过重要信息。

邵娟：（1）建群的时候和家长明确群规，如不要在群里乱发广告之类，如果个别学生有问题可单独与老师沟通。（2）重要信息需要回复的可以设置小程序。家长每天晚上要抽时间进群看看有没有新消息。（3）不需要回复的通知就加上"不用回复"几个字或类似的话语，可以避免大量不必要信息的骚扰。（4）引导家长注意说话方式，传播积极向上的正能量。

宫雪丽： 现在学校活动多，教学任务重，我们老师在群里发个通知，都是默认家长收到的。就算家长回复"收到"，我们也没有时间去一一核对谁收到、谁没收到。作为老师，我们最需要的是家长的责任感以及怀着高度的责任感做好家校的密切配合。所以，班主任引导家长运用好班级群非常重要。

除了上述老师们提到的确立规则外，对一些不适合发在班级群里的内容还需委婉地拒绝。比如，孩子说在学校受到欺负，或与同学有矛盾。要让家长明确：这种事情先找老师，私聊永远比在班级群里发问来得有效率、有质量。班主任要引导家长明确班级群的积极作用，用实际行动支持老师的工作，也把家长的责任落实到实际行动中。

李萌：首先，班级群建好后，还可建立各类功能群，我们应跟家长约定各个群的主要用途，如班级事务讨论、通知和作业发布、各个专科群等。如果是通知和作业等发布的群，需要家长密切配合，不讨论不相关的事情，只回复要求的内容。其次，不能在班级群发一些跟学习无关的内容，如不能在群里发广告、拉票，更不允许发不健康的链接等。如果家长没做到，我们可根据违规程度进行处理，把违规家长暂移出群，家长改正后再重新邀请进群，等等。最后，如遇到非共性事件，首推单独添加老师微信号私聊，而不是在群里公开讨论。或者家长们自己组建一个没有老师参与的家长群进行沟通，这样不会影响班级群正常运作。另外，这些规矩、规定最好是通过一些比较正规的方式进行传达，如利用专门的接龙管家小程序进行接龙，登记好学号和学生姓名，可以方便看到谁的家长已经参与了接龙，对于还未参与接龙的人员可一键通知，这样可以最大限度地确保所有群成员都能了解群规，如果出现违规现象，也能有的放矢。

主持人总结：互联网时代，班级群是加强家校沟通的重要渠道，感谢老师们提供的好方法，让班级群发挥它应有的作用，还需要教师加强自身的新媒体素养，家长们也应有独立的思考和判断，把握分寸。让我们一起努力，构建和谐向上的家校关系，做家长满意的人民教师！

怎样引导学生进行自我教育

青岛市城阳区夏庄街道三台小学　徐宁

【问题提出】

现阶段家庭教育的超现实性和不一致性，造成了"望子成龙"和"顺其自然"这两种独特的家庭教育方式，在孩子中出现了一系列怪现状：随心所欲、浪费钱物、纪律涣散、唯我独尊等。所以在班级管理中总有个别孩子纪律涣散，没有好习惯，当班主任与家长沟通时，家长还会找各种理由为自己的孩子开脱。老师们，严于律己是我们中华民族的传统美德，那么如何引导学生进行自我教育呢？

【问题分析】

对于这种纪律涣散、家教不严的学生，班级管理工作不太可能"立竿见影"，习惯的形成是一个长期积累的过程，不是一朝一夕就能解决的，简单采用"堵"的方法可能见效，但本质没有改变，且很快会反弹，有时搞得不好，还会造成学生的逆反。"热炉法则"给予我们一定的启示：每个班级都有班级公约，很多家庭也有家庭公约，公约执行得好能在一定程度上约束"大错不犯，小错不断"的学生。

【问题研讨及解决策略】

主持人：我举例说明吧。某女孩，父母都是高级知识分子，但孩子张口骂人，一言不合就动手，引起全班的公愤，没有人愿意和她交朋友，孩子也很可怜。班主任和父母沟通后不见效果，仍有孩子告状她欺负人。班主任如何处理类似的事件？大家在家校沟通上有没有好的做法呢？

徐雅茜：我发现绝大多数"品行不端"的学生，都是因为家教不严，单改变孩子不难，难的是改变家长，有家长在后面放纵孩子，孩子改变起来就难了。

王慧：多沟通，及时点赞，紧密合作，赢得家长支持。换位思考，多站在家长角度思考问题。

邵娟：我觉得这个问题主要得和家长沟通，这是家庭教育的问题。成长有序，家教无痕。父母的表率作用、家庭浓浓的骨肉亲情和没有固定主题、没有刻意营造的家庭教育氛围都对孩子的发展起着潜移默化的作用。

姜倩：小错不断的学生大多是自我约束能力较差、家长督促不够严格的孩子。这些孩子每天会因为各种情况发生"小插曲"，严罚不宜，小管又不起作用，非常牵扯老师的精力。我们班实行值日班长、卫生班长、作业记录班长、领读班长的轮岗制度，让每一名同学都感受到荣誉感和责任感，进而严格要求自己。另外，严格量化评比栏，除了成绩好奖励粘贴，行为规范的好坏也都进行粘贴的加减，通过评比栏的情况选拔参与学校语文节、数学节、英语节的学生。

韩巍：品行不好的孩子根源在家庭，要么是父母过于溺爱，要么是父母不当回事，而不从根源入手单凭学校教育是非常无力的。我认为要改变这类父母的想法还是要沟通，让他们意识到孩子的行为最后孤立的是他自己，不过沟通的过程不容易，还要讲究语言的艺术，因为这类家长如果容易认识到问题也就不会放任孩子到现在了。

孙杨锋：这种情况也很正常，家教不严的根源往往是溺爱。溺爱的最大特点就是袒护孩子，并且毫无原则。如果遇到这样的家长，你也不要生气和着急，前几天我就遇到类似事件。一个男生在班里也是"惹人嫌"的孩子，几乎每天都有同学告他的状，我心想自己有办法"降服"他也就没有告知家长，不承想一天家长说起了此事，竟全是为孩子找理由，如"是后面的同学总是惹他""我家孩子可能缺少安全感才会……"我严肃地跟他妈妈说，既然大家都反映他的问题了，那么孩子一定有问题，家长在面对孩子的错误时，语气、口气很关键，很容易让孩子找台阶、顺势下坡，久而久之，孩子就会主动编故事来引起您的同情，这样严重的结局会如何呢？也就是我们电影里看的少年犯的案例，成年后孩子进了监狱，会恶狠狠地对妈妈说："是你害了我……"

宫雪丽：苏联著名教育家马卡连柯曾经要求家长们对爱的程度做这样的理解："正如食物一样，爱是要求有一定分量的。"超过一定分量就成了溺爱，这就要求家长的爱是理智的，爱和严是相辅相成的。

崔艳："爱之深，责之切"，对于孩子不合理或不对的做法，家长和老师要耐心说服，不要被孩子的眼泪、撒娇和任性所动摇，孩子有缺点或错误要及时教育，不迁就、纵容，更不护短。父母"寓爱于严""严中注爱"，表面看似乎无情，但从孩子个体发展的意义来看，却是一种真正的爱。

王翠洁：学校给家长下发的《父母课堂》这本杂志确实挺好，真应该让每个家长都好好读读、好好学学，不知道孩子拿回去之后是不是体现了这本杂志的价值，能做到认真学习的家长也很不简单了。

靳艳霞：对"行为不端"、难以改正的孩子，我感觉可能会有以下几种情况。（1）孩子年龄还小，自我约束力不够，没有正确的价值观和辨别是非的能力。（2）父母不和谐或者父母常年出差等，对孩子关注不够。爱的缺失会让孩子心理产生孤独感，所以有时候会做出一些不可思议的事情，其实内心大概是想通过这种方式引起别人的关注吧。（3）家庭教育的问题，表现在家长护短。记得前两天，一位同事跟我聊起班里的一个孩子，因为学校要举行会操比赛，班主任提前三四天就要求统一穿校服，穿白色的鞋子。比赛当天，这个孩子没按要求穿鞋子，班主任说了他几句，这个孩子明显不耐烦了，跟他妈妈诉苦，说老师批评他了。孩子的妈妈听说孩子挨批评了，情绪也有点激动，给班主任打电话说："老师，要批评就批评我吧，是我不让孩子穿白色鞋子的，那双鞋子小了，没法穿。"这位妈妈明显是在护短。如果真是鞋子不合脚，那么几天前老师就发了通知，完全来得及准备的，再说如果真忙得没时间准备，头天跟老师沟通，一起想办法也行嘛，但这位家长并没有这么做。所以，孩子一犯点错误，家长就第一时间冲到前面为孩子辩解、开脱，孩子很难培养良好的品德修养。

主持人总结：班级管理真是一门大学问！地域不同、家庭氛围不同、家长素质不同，沟通的方法可能也不同。身在班主任的工作岗位上，任重而道远！今天通过大家的分享我又学到了很多班级管理的窍门，感谢大家！

居家学习，对于不自律的孩子该怎么办

青岛李沧路小学　王慧

【问题提出】

居家学习是一面镜子，既看清了孩子的自律性，也看清了父母的监管力。一周的居家线上学习呈现出不少问题。高年级的孩子已进入青春期，他们叛逆、性格倔强。没有了老师的监督、同学的互助，独自面对一个充满诱惑也充满机遇的网络。

【问题分析】

随着疫情的反弹，"停课不停学"，课堂从线下转移到了线上。在上网课时，由于老师和学生欠缺线下上课时的情境，虽然也是面对面，但是距离感却增加不少，教师无法时时关注到学生的动态，缺少了面对面的直接交流与思维碰撞。同时，无法通过学生表情判断学生的听课状态，老师对学生的组织与监管受到了很大的限制。部分学生因为网络学习获得了空前的自由：坐姿不再端正，上课吃东西，以网络信号不好为借口开溜，不一而足。因此，网课成为照映学生自律性的镜子，如何在居家学习期间，高标准要求学生，让孩子能够自觉学习，高标准要求自己，是本次研究的主要内容。

【问题研讨及解决策略】

主持人：有的学生彻底沦陷，网课变成了网游课，跟家长多次沟通，家长也是没有办法，管不了、管不听。对于这种问题，班主任应怎么做？大家有什么好的方法？请大家畅所欲言吧！

孙杨锋：我觉得线上学习更得利用好小组学习，教师要合理分组，让自律力强的孩子当小组长，从课前考勤到作业提交再到改错，督促容易放纵自己的孩子参加学习。

建议网络流畅具备视频会议条件的老师通过视频会议模式授课，这样，摄像头里孩子的听讲状态一目了然，自然杜绝了挂机玩游戏现象。课上，教师要格外关注自律力差的孩子，适当地多提问他、多激励他。课后，要多留意他的作业完成情况，可利用视频聊天加强对他的课后辅导与心理辅导，一有进步，及时表扬。

建议家长朋友们要及时和老师沟通，齐抓共管。不要用非打即骂这种简单粗暴的方式管理孩子，要疏堵结合，尽量心平气和地和孩子约法三章，让孩子意识到线上学习要和在校学习一样，端正学习态度，正确的时间干正确的事。

韩巍：王老师说的是网课期间的普遍问题，也是最让老师和家长头疼的问题。作为老师的我们鞭长莫及，深感无力。面对这样的学生，我首先是与家长取得联系，想办法加大监督力度；其次是以班级学习小组互助的方式带动这部分孩子学习；再次是加强班级评比机制进行奖惩；最后是在课堂上多关注这部分孩子的动态，多进行互动。虽然有所成效，但对于那些沉迷网络、常置身班级外部、不顾一切、家长也无暇管教的学生来说还是收效甚微，经常需要一对一地疏导沟通。

王慧：韩老师运用班级奖惩政策，与家长取得联系，课堂多关注、多提问的方式解决不自律孩子的问题很好。特别是那些家长无暇管教的孩子，确实管理起来难度很大，只能一对一地及时进行沟通疏导，加强对孩子的管理教育。

徐雅茜：我觉得面对这样的学生，家长的管教甚至打骂都没有作用的话，那还是应该我们想尽办法去和孩子多进行推心置腹的沟通，像朋友般地聊天，知道他们在想什么，也让他们知道老师的想法和目的，也可以借助班级同学的力量，旁敲侧击，试试能不能带动着他一点点进步。

邵娟：自线上学习以来，我经常会和孩子们进行沟通交流，课堂互动，语音、电话进行谈心，作业个别指导等。对于在家学习自律性有些困难的孩子，我更是经常电话、微信与孩子和家长沟通，及时了解孩子们在家里的学习生活情况，和家长一起想办法，给家长提供一些亲子居家学习的小妙招。我们班有几个孩子本身自觉性就差，在学校都是老师时刻盯着，现在居家学习，他们有点"放飞自我",手机不离手。针对这种情况,我单独跟他们通话,有时候就是单纯聊聊天,有时候也会提出特别的要求:制定作息时间表贴在书桌上,作业单独发给我,希望孩子们在老师的监督下能有所改善。

王慧:邵老师结合自身经验分享了几个小妙招。网络连着你和我,屏幕如同在身边,孩子们和老师视频互动时的喜悦和激动,隔着屏幕涌动的温暖与关爱,无一不体现了老师们对学生的细心与呵护。通过视频聊天,老师们了解学生在生活、学习中的实际困难,掌握他们心理变化的轨迹,发现问题,让他们消除压力、找到倾诉的渠道,同时缓解家长们的焦虑与不安,师生情在线上互动中升温,家校情在交流中升华。

宫雪丽:"网课"启动已经一周半了,在线教学中,我发现有的同学总是"跟不上",或者开着视频在干别的事情,针对这些情况,我采取了以下措施。(1)精心设计课堂环节,分时段提出目标任务。例如,新授课,下课立即上传课堂笔记;练习课,听写默写或课堂小测,结束即让学生上传,根据上传的时间,及时发现上课"跟不上"的学生,进而采取相应措施。(2)课堂精讲多练,有任务地参与学习。无论是线上还是线下,课堂上发挥学生的主体作用都是永恒不变的主题。学生练习的时候,教师通过巡视摄像头,可以发现问题,用提问的方式,及时提醒学生认真学习。这个过程中,学生是有任务的、有参与的,带着任务主动参与,又怎么会有时间干别的事情。(3)分小组交流学习,扩大互动面。对于课堂上交流不透彻的问题,课前或课后以小组为单位进行交流。(4)建立小组评价机制,以评价促学习。我采用的是小组捆绑式评价。通过课堂发言、优秀作业、巩固练习、当堂达标等方面的正面引导,加强基础知识的夯实,通过课外练习、问题研讨、比学赶超等形式,加强课外巩固练习。(5)在前四条措施都没有效果的情况下,排除智力因素,就是家庭原因了。一是与家长沟通,了解学生居家学习的具体情况,采取合适的家校合作策略;二是每天采用一对一视频的形式与学生进行交流。

线上教学,居家抗疫,是我们生命中特殊的成长经历,让我们一起,静心等待春暖花开的厚积薄发!

王慧:宫主任从课堂设计、练习题设计、教学评价及家校合作等几个方面提出了宝贵意见。新授课、练习课后及时上传所需资料可以很好地监控孩子本节课的学习效果。孩子做练习的时候教师巡视摄像头可以很好地监督每一个孩子的学习状态。宫主任提出课堂上老师要精讲多练，让学生有事可做，以小组为单位发言，可以扩大互动面。通过优秀作业展评激发孩子学习热情，以上做法确实值得我们学习。

李萌：王老师提到的话题正是新冠疫情线上学习令家长最为头疼的。我主要采用以下方法加以解决。（1）精心准备，让课堂充满趣味。① 设置情境，激发兴趣。直播授课前的几分钟，我会播放一些视频，创设授课情境，让学生在正式进行课程学习前先进入一种特定的氛围。② 抢答、连麦，点燃课堂。在直播授课时，为了调动学生的积极性，鼓励学生融入课堂，加入互动，我设置了抢答、连麦环节。课堂氛围瞬间被点燃，学生们热情高涨，争先恐后地回答问题。（2）讲练结合，高效课堂。① 直播授课很容易变成"满堂灌"的形式，不利于学生融入课堂。为解决这一问题，我上课时，在课程后半段设置了课堂练习环节，不仅帮助学生理解文章内容，强化知识点，更锻炼了学生的表达能力。② 作业新颖，让学习充满快乐。我会布置一些新颖的作业，让学生在愉悦的学习环境中探索知识，体验到学习知识的乐趣。（3）活动丰富，让素养得以提升。我们语文组举办了读书节活动。学生以配乐朗诵的形式准备素材，用质朴真情的语言来赞美心中的天使；用慷慨激昂的诗篇来讴歌时代的楷模；用激情飞扬的语言来歌颂祖国母亲。活动一发布，就有学生问我："老师我加上字幕行不行？""老师我配这个音乐合适吗？"绝大部分学生很感兴趣，希望一展身手，夺得奖项。作品以视频的形式提交，需要用到一些视频剪辑软件。有的学生就向家长学习，有的学生自己摸索，他们不仅学会了制作视频，而且制作出来的视频配乐精当，极富感染力。（4）建立小组合作机制。由组长带领，每天统计线上学习的参与率、完成率。（5）每天利用晨读后的 5 分钟进行德育教育。

王慧：李老师提到了通过小视频激发学生的学习热情，通过抢答、连麦等环节激发学生的激情。讲练结合，注重孩子的语言表达，避免课堂成为"满堂灌"的直播课。通过读书节中的朗诵环节调动孩子的参与积极性，同时利用早读时间渗透德育教育，从而更好地服务于线上教学。这些做法都很值得学习借鉴。

靳艳霞：网课启动之前我在教室是做过预设的，从那时开始就和学生一起探讨了如果启动网课如何自律学习的问题，让孩子们明确自身职责，等于做了心理预期。网课启动前学校层面在做调查时把没有家人陪同的孩子做了记录，网课启动后给予了各方面的关注：课堂多提问、作业跟踪……所以班级整体状态是非常好的，但是也有个别不自律的孩子。五年级的孩子自尊心比较强，逆反心理比较严重，所以，网课期间需要在"照顾面子"的基础上加以"管制"。一是我采用的是视频上课模式，有条件的学生一定开摄像头，便于时刻关注容易走神的学生，及时把这部分学生引回课堂。二是把原来线上教学的课前两分钟准备时间提前到课前五分钟，足够温故前一天的基础知识，这个时间段一般给作业问题比较多的学生（昨天课堂上因为听讲不专注、漏掉知识点的学生）。三是当天反馈上课情况，主要以表扬为主，即表扬那些上课互动、作业优秀的学生，让家长看到孩子的努力，让孩子明确自身的优劣点。如果孩子连续两天出现问题，我会及时点对点与家长沟通，发现问题，及时解决。

王慧：靳老师对网课提前做了预设，针对可能出现的问题进行了演练并对问题及时进行心理干预，同时特别注重孩子的自尊心。群中反馈以表扬为主，让家长看到孩子的努力，让孩子明确自身的优劣点。这种好的经验确实会对线上教学起到促进作用。

崔艳：对于孩子来说，我们可以让孩子从一开始就营造出一种仪式感、一种在校上课的意识感，如穿好校服、定好上课的闹钟。根据学校的课程安排，制订好自己的学习计划，有明确的目标并执行下去，不要设置自己完不成的目标，这样容易有挫败感。自己坚持不住的可以借助外力，如组长监督、小伙伴的监督和比赛。学生们互相督促，一起进步。授课教师要尽可能点名、连麦互动，课前将家庭作业的情况进行反馈，激发学生的积极性。

王慧：崔老师提到的仪式感让孩子很自然地进入课堂中，引导孩子制订计划，并按照计划执行学习任务，注重孩子的习惯养成。在教师层面，作业一对一进行反馈，让学生和家长感受到教师的良苦用心，时刻感受到自己是被关注的，从而端正学习态度，更好地投入学习中。

主持人总结："停课不停学"，在这个特殊时期，不仅考验教师，更考验家长对孩子的教育和监管，愿我们的家长们能够出色地完成"班主任"工作，让我们的孩子都能在这特殊时期高质量地完成学习任务，待到硕果累累时，每个孩子都能学有所获地和老师们欢聚在美丽的校园。感谢大家的分享交流。

【心理干预——家庭教育指导案例】

居家学习，如何做自律学生

（一）教学目标

（1）正确引导学生进行自我管束，让他做个自律优秀的学生。

（2）利用此次网络班会，保障网课期间的教育质量。

（二）教学方法

导入故事，引发思考—交流讨论，明确自律性的作用—游戏测试—集思广益。

（三）教学过程

今天，利用周末时间，我们开一堂线上家长会。疫情反弹期间，我们重新开启线上授课模式，这是我们第二次网上授课，我们经验已变得丰富。相信，孩子在家上网课期间，您更能直观看到孩子的学习状态，让我们围绕"居家学习，如何做自律学生"这个话题，来谈一下家庭教育。

讨论前，我们要明确此次线上家长会的目的：

（1）了解学生自律性情况，采取相应教育督促。

（2）停课不停学，提高学生自律性，增强学习实效性。

（3）规范上课纪律，保障学生学习质量。

第一环节：导入故事，引发思考

这是一位家长的来信，反映了女儿上网课的实际情况，教师利用 PPT 导入案例。

女儿小学三年级，因为突如其来的疫情，学校开始线上授课。为了能够让女儿上好网课，爸爸给女儿买了平板电脑，在此之前，女儿只是偶尔用一下手机。谁知道，孩子自从有了平板电脑，就迷上了游戏，有好几次玩到半夜也不睡。这让爸爸最后压抑不住怒火，把平板电脑摔得粉碎。

（1）案例资料中的女儿出现了什么问题？她为什么会有这种表现？

（2）您的孩子自上网课以来，有没有类似的表现？

（3）如果您的孩子晚上不睡觉，一直玩游戏，那您会怎么做？

小结：案例中的孩子属于典型的不能自律。居家学习期间，孩子打破了正常的作息时间。本来平板电脑是孩子上网课的学习工具，现在成了孩子休闲娱乐的玩具。孩子拥有了自己的平板电脑后开始沉迷手机游戏，暴露出孩子缺乏自控能力的缺陷，长此以往，不但成绩会下滑，身体健康也会严重受损。

第二环节：交流讨论，明确自律性的作用

（1）请家长思考一下什么是自律性？

（明确：自律性就是自制力，指的是人们能够自觉控制自己的情绪去做必须做的事情。自律性的反面就是任性）

（2）自律性有什么作用？

（明确：① 自律性有助于个人良好习惯的形成；② 有自主能力，不会跟风选择；③ 拥有对抗困难的勇气）

（3）您认为孩子如果自律性缺失会带来什么危害呢？

第三环节：游戏测试

（1）请您对您的孩子进行以下测试。

① 是写完作业再玩，还是先玩手机再写作业。

② 每天能够坚持仰卧起坐 50 次，还是做仰卧起坐太累了，反正也没人监督，放弃吧。

③ 上课期间不能吃零食，还是偶尔吃点也没事。

（2）请问您的孩子选择的是前者还是后者？选择前者代表能够克服冲动，深谋远虑；选择后者代表任意妄为，及时行乐。

（3）您觉得您的孩子在网课期间存在哪些问题？

小结，很多家长表示孩子趋向于后者，表现出不遵守目标、规则，习惯差，挥霍时间；缺乏自制力，受不了诱惑；学习不自觉，掩耳盗铃。

第四环节：集思广益

（1）您觉得如何让孩子做到自律？请每位家长写出至少三条建议，您打算参与实施吗？

（明确：① 确立目标，循序渐进。孩子能够形成自律不是轻而易举的，需要制定长远目标，作为家长的我们要指导孩子制订学习计划，按时睡觉、按时起床，课前吃饱饭，杜绝边上课边吃零食。② 重视孩子学习过程，轻视孩子学习结果，给予孩子肯定和鼓励，不能拿孩子与其他人相比，打击孩子的主动性。③ 给孩子营造良好、宁静的环境。家长需要给孩子营造良好的课堂气氛，既不能过于紧张，也不能过于宽松，要能够让孩子积极思考。④ 不包揽、不主动安排孩子学习。孩子有自己的感悟、领会和理解，替孩子包揽会降低孩子的主动性。⑤ 陪伴孩子学习，做好榜样。在学校中，有老师和同学的陪伴，在家中为了延续这种状态，家长可以增加亲子阅读时间）

（2）请您和孩子用一句话来总结自律是什么。

自律是金光灿烂的马缰，它让人受到理智的束缚，不偏离轨道。

自律是一把心灵的扫帚，它让人深知不足并扫除精神污秽。

自律是一个大头钉，它让你的生命之纸时刻坚守自己的本真。

小结：网课虽然是疫情防控阶段的过渡性学习方式，但我们也需要严肃对待，让孩子加强自我管束，做个优秀的学生，家长和教师一起帮助孩子培养良好的学习习惯，受益终身。

（四）活动反思

网课期间暴露出很多学生不能够自律的问题，平时拖拖拉拉，时间利用率不高，在能够自主安排时间的网课期间，这些问题更明显。本次课一共设计了四个环节，让家长和学生充分感知自律的重要作用。案例都是实实在在发生的，家长和学生确实面临着这些问题，家长表现得很真实，说出了自己的想法。游戏环节设置三个小问题，家长通过测试，都对孩子有了明确的认识，很多家长进行了反思。疫情还没有结束，网课和线下上课都会成为常规模式，面对这种情况，需要家校合作，共同强化孩子的自律性，让孩子做更优秀的自己。

◤ 专家点评

线上学习，学生难、家长难，老师也难。好在我们有一定的经验，有教育孩子的专业知识和方法。培养孩子线上学习的自律性，家校沟通很重要。同时，只有教会孩子管理时间、制订学习计划、检查反馈、表彰评价……忙碌着，充实着，师生才能快乐成长。

——青岛王埠小学 蓝芳

如何调动家长参与班级活动的积极性

青岛李沧路小学　徐雅茜

【问题提出】

班主任是否能够很好地完成一学期的教育教学工作，开展好各项活动，家长在其中起到了相当重要的作用。那么，如何才能调动起家长的积极性来支持班级和学生的各项工作呢？

【问题分析】

班主任若想要班级工作开展得更加顺利，调动起家长的积极性来支持班级的各项工作就显得尤为重要。

【问题研讨及解决策略】

姜倩：首先，要选择正能量的家委会成员，通过积极主动的家委会弘扬正能量。在家长代表为班级做了贡献后，在班级中表扬、在家长会中表彰以鼓励更多家长参与。在日常学习中，有的学生表现突出，其实成绩的背后不仅仅是教师的教育，更离不开有教育智慧的家长的教育。我经常会联系这些家长，问问他们回家后都运用了哪些方法，并组织家长进行全班分享。有时候家长的经验分享使得其他家长产生共鸣，继而发挥良好的带头作用，带动全班向上发展。

崔艳：我们要利用好微信群、电话等，加强与家长们交流和沟通。定期对本班情况向家长们做一下介绍，多拍一些孩子校园生活的照片，分享孩子们的点滴进步，让家长感受到老师对孩子的辛苦付出。尊重和理解是相互的，当我们在与家长沟通时，也要注意做到态度亲和、有礼貌，让家长感受到教师对孩子的重视、对家长的理解，这样家长才能支持和配合好我们的班级管理工作。

王慧：可以通过班级活动多与家长做好交流。首先，要使教师和家长在活动目标上达成一致，即通过提前沟通让家长了解教师的意图。家长们参加活动，在家庭和孩子之间搭起沟通桥梁。其次，为了教育孩子健康成长这一共同目标，教师平时要多与家长联系，不要等有事时再联系，那样会给人以功利的印象。要让家长感受到教师爱自己的孩子，为了自己的孩子好，从而更加配合教师。

韩巍：也可以结合平日的实践活动调动家长的积极性，这样既能增加班级学生的凝聚力，也能使家长之间的关系更加和谐。活动过程中，班主任与家委会成员要多沟通，起到导向的作用，从而与家长形成教育合力。

王翠洁：我认为，现在有更多的机会让家长参与到学校教育教学中，如何更好地调动更多家长的积极性？从心理方面讲，家长虽然是成年人，但是也会对"表扬"和"批评"做出与孩子一样的反应。作为教师，其注意力大多在学生身上，从而忽略了对家长的"表扬"，表扬家长同样在学生的教育方面能起到更好的效果。教师表扬家长的方式和渠道多种多样；如通过微信群对家长进行表扬；通过学生的作业建立起和家长沟通的纽带；通过在班级表扬参与学校活动的家长，让孩子把"表扬"带回去，更能激起更多孩子的热情，同时，在孩子帮忙的"表扬"话语中，更好地调动家长参与的热情。

徐雅茜：家长既是成年人，也是个"孩子"，我们做好每一件小事，做好每一次沟通，让家长感受到我们对孩子的关爱，用真心换真心。我们班这学期开始写周记，我是让孩子们写完后再让家长在下面写上对周记的感受，或者知心话，或者对我想说的话，我发现，平时不太爱沟通、比较内向的家长，在书面上却表达得很活泼可爱，以前的距离感降低了不少。

王翠洁：参与学校工作积极性高的家长，从大局观看，这些家长有公益性和参与社会服务的奉献精神；从小处着眼，更多的还是想近距离接触孩子，让教师更多地关注自己的孩子。因此，我会给参与学校辅助工作的家长的孩子更高的平台、更多的展示机会，让家长们感觉自己的付出很值、很有意义。

韩巍：沟通太重要了，现在很多家长怕接到老师的电话！因为老师总是在孩子有问题时才与家长联系，所以我们也要注意平时与家长沟通的方式和频率，就像王老师说的可以采取各种方式进行表扬，让家长获得认同感，从而在沟通中相互信任和理解，并相互支持。

孙杨锋：我认为：首先，通过家长会等形式让家长意识到大家的目标是一致的，即都是为了孩子健康成长。其次，要通过家长开放日、美篇等形式让家长了解孩子在学校都参加了什么活动，对学校教育有比较充分的了解。最后，让家长了解我们需要他们配合些什么、配合的意义是什么，以便形成教育的合力。家校齐心，其利断金。

曹琳：我们班家长带动孩子参与的意识比较强。但是，家长也希望得到老师的肯定，对于积极参加班级活动的家长，我都会在班会上和孩子交流，表示感谢，并请孩子带回我的感谢。有的直接在微信群里一一点名表示感谢。老师的感谢也让家长的付出感觉到有价值、有意义，也影响了更多的家长。

徐雅茜：对于细致的表扬我做得还不够，有时候家长付出了，没有做到很具体的感谢，以后在这方面还需向各位老师学习，工作做到精细化。王翠洁老师的家长工作做得很到位，王老师的语言更是有艺术性，这样看来是我想得太少、说得太简单了。

靳艳霞：我在多年低年级班主任工作中发现，要想带好低年级，家校沟通至关重要。因为起始年级的孩子年龄小，各方面能力有限，所以无论活动、习惯、学习、任务传达都不能独立完成，很多时候需要家校沟通才能达到预期目的。因此，我一般采用以下几个步骤做好家校沟通。第一，第一次家长会传达理念，在班级管理中达成共识。第二，面向全班招募家委会成员，尽快成立班级家委会。第三，发挥家委会作用，尽快组织社会实践，在实践中家长互相熟悉，孩子互相了解，班级凝聚力在最短时间内达到一定高度。第四，每一次家长会，针对本学期班级家长或者孩子出现的共性问题进行经验分享，发挥优秀家长辐射作用。第五，学生有了好的表现，表扬要及时，问题解决要公平公正。重要的是孩子出现了问题，教师要给出建议，方法指导要到位，努力成为家长们的教子助手。随着孩子年龄增长，学校问题学校解决，少告状、多表扬，做孩子的良师益友，从而间接成为家长的得力助手。

邵娟：（1）家委会很重要，班主任要通过微信群或者家长会，讲明参与家委会的责任、义务及对孩子有利的一面，充分调动家长参与家委会的积极性。（2）通过家委会发动家长主动参与班级的活动。（3）对于参与支持班级活动的家长，班主任要在家长群里大加表扬，树立典型，从而带动其他家长。

宫雪丽：邵娟的这个问题非常有远见，也非常接地气。我现在的班是雅茜带的一、二年级，家委员成员非常积极能干，教学以外的活基本都帮我干了。家委会主任是个大管家，组织协调能力非常强，其他成员的能力也都不弱。每个家长都有自己的工作，工作之余再干学校的事情，也挺累的，特别是家委会主任。家委会之外的家长，也并不是不想帮忙，可能自己的工作或时间与班级工作不对口，一时帮不上忙。所以，我考虑分类分层成立专业家委会，将原来的具有综合职能的班级家长委员会拆分成单项专业委员会，比如游学事务家长委员会、亲子阅读督查家长委员会、家校矛盾协调家长委员会、社会大课堂兼职讲师家长委员会、家长志愿者服务委员会、社区资源协调家长委员会、班级财务家长委员会等。家长们根据自己的工作性质、兴趣、特长、时间确定申报项目。这样不仅满足了家长参与孩子教育的需求，还充分挖掘利用了家长资源，能够办一些班级想办但很难办成的事。

徐雅茜： 宫老师将家委会既提升了一个高度，又接地气般地细化了。

主持人总结： 非常感谢今天晚上各位老师百忙之中能够抽出时间，一起进行如此真挚的沟通交流，大家毫无保留地将自己多年的经验、工作中总结的好办法贡献出来，特别是让我们这些年轻老师受益良多！老师好好学习，学生才能天天向上。

当孩子间的冲突扩大到家长层面，
你会怎么办

青岛西海岸新区崇明岛路小学　孙杨锋

【问题提出】

作为班主任，我们时常要解决孩子间的各种冲突。孩子间的摩擦难以避免，最令我们烦恼的是有时孩子的冲突会扩大到家长层面，面对扩大到家长层面的冲突，你会怎么办？你有什么好办法？

【问题分析】

现如今，班级里大多数孩子都是独生子女，一些家长对自己的孩子备加呵护，唯恐孩子受了半点委屈。有时，有些家长会因为孩子间的矛盾话不投机，大打出手，让矛盾变得复杂化、扩大化。如何帮助陷入冲突的双方家长化解矛盾，是我们今天研讨的主要内容。

【问题研讨及解决策略】

王慧：作为班主任，当学生之间的矛盾已经升级到家长层面时，我们要本着"一切以孩子的发展为主"的理念解决问题，劝说双方家长，讲清利害关系，告知家长插手会给孩子成长造成的不良影响；说服家长要相信学校，相信孩子，要本着孩子利益最大化的原则配合学校处理问题。所有的解决方案都必须能够帮助孩子发现问题的根源，找到解决问题的可行性措施，让孩子从这件事情中成长。

宫雪丽：非常赞同王慧老师的意见。班主任要让家长明确：发生在学校里的事情，要相信老师，相信老师能公平公正地解决。家长插手孩子的事情，其结果往往是家长恼了，孩子却好了。

孙杨锋：嗯，因为关心孩子的成长，家长才会干涉孩子间的冲突。家长间的冲突从孩子的健康成长这一话题切入更易解决问题。

崔艳：首先要避免家长将问题在班级群里反映，这样会在全班造成不好的影响。其次要及时与家长沟通，语气态度要礼貌，让家长清楚你对待每一个孩子都一视同仁，秉公办理，让家长感受到老师对孩子的重视，对家长的尊重，这样也避免了事情扩大化，及时熄灭家长的怒火。最后要加强对学生的教育，同学之间友好相处，在学校发生的事情一定要及时跟老师反映，不要把问题带回家。

孙杨锋：及时扼住火苗，用自己的专业灭火。

靳艳霞：首先，我们作为班主任，在第一次家长会上一定要强调正确处理同学之间矛盾的方法，尽量避免将学生之间的矛盾升级为家长之间的矛盾。一旦升级，我们要第一时间找当事学生了解清楚具体事情，然后和家长分头说明详细过程，孩子都会因为自我保护的本能避重就轻地和家长描述所谓的"事实"。其次，要创设合适情境和孩子谈心，让孩子从内心认识到同学之间的相处之道。最后，一定要和家长交心，让家长明白成长之路有些事必须孩子自己来解决，这样才能有助于孩子身心健康成长。

孙杨锋：约法三章，弄清事实，分头解决。

首先，要求产生冲突的双方家长保持冷静，不要让冲突扩大化。其次，与产生冲突的孩子和见证冲突的孩子沟通，了解产生冲突的前因与后果；与双方家长沟通，了解家长的不满与诉求。最后，在友好的氛围中，让产生冲突的孩子认识到自己在整个事件中不对的地方，晓之以理，动之以情，友好解决；把双方家长约到学校，将冲突的前因和后果、孩子间的矛盾又是怎样解决的，进行一一说明，让冲突双方的家长认识到，孩子之间的摩擦难以避免，作为成年人的我们要理智，及时和班主任反映情况，要适当放手，让他们在老师的协助下友好解决矛盾，培养他们的社交能力。

王翠洁：我认为，作为班主任引导家长认清事实真相，是避免冲突的重要一步。和家长面对面沟通，告诉家长，他们始终是孩子的榜样，他们处理问题的方式会直接影响孩子。

孙杨锋：弄清事实，做好榜样，理智解决。

韩巍：我觉得家长间的矛盾主要来源于孩子回家后的"一面之词"，所以作为班主任，我们首先要在学校里帮助孩子们尽量化解矛盾，并提前与家长进行沟通，以避免矛盾升级。另外，非常赞同靳老师的做法，在开家长会时要引导家长们正确对待并处理好孩子间的矛盾。

王翠洁：其实在与家长的沟通中，我们要让家长明白：孩子维护好同学关系和友谊的重要性。因为同学间要好几年都在一起学习，同学间关系好，更利于孩子的学习和身心健康。当孩子在学校发生矛盾时，家长真的需要冷静下来，想一想怎么处理更妥当，如果处理不当，反倒给孩子添乱。

孙杨锋：我们作为班主任，在和家长沟通时要体现我们的专业，要掌握一定的心理学知识和沟通技巧，要让家长对我们足够信服。这样即便孩子将矛盾带回家，家长也会第一时间想到通过我们协调解决。

正因为如此，对于家长会，这一家长和老师面对面的会议，我们不仅要谈孩子的学习，还要谈为了孩子的健康成长，家校双方各自要扮演好什么角色，担负起什么责任，避免陷入哪些误区，等等。

宫雪丽：首先，孩子之间有小矛盾很正常，班主任经常和孩子谈心很重要。通过谈心，了解孩子们的想法，可以将一些不好的苗头扼杀在摇篮里。其次，矛盾如果升级，要做好双方沟通。我们一定要站在双方家长的角度，公平公正地处理问题，不带丝毫个人偏见。只要家长感受到老师能秉公处理，他们自然会相信老师，退一步海阔天空，都不会太斤斤计较。最后，问题解决后，还要引以为戒，告诉孩子们学校发生的事情当天必须告诉老师，由老师解决问题。家长之间矛盾升级的根源还在孩子身上，孩子们的矛盾解决了，家长们也会高高兴兴的。

孙杨锋：了解舆情，秉公处理，引以为戒。

邵娟：要解决家长之间的矛盾，班主任一定不要让双方家长见面，要单独和他们沟通，待家长冷静以后，再和他们梳理事情的来龙去脉，述说问题的利弊。班主任一定要秉着公正公平的态度，诚恳地对待双方家长。

孙杨锋：在控制好双方情绪之前，班主任要分别沟通，先让家长冷静，再讲理。这中间贯穿基于孩子、公平公正、就事论事、不偏不倚等原则。

主持人总结：老师们，通过今晚的交流，我们认识到当孩子间的冲突扩大到家长层面时要做好以下几点。事前，我们要充分利用家长会这一面对面交流的平台，在第一次家长会上一定要强调正确处理同学之间矛盾的方法，就不把孩子间的矛盾扩大化，通过老师解决孩子间的矛盾达成共识；我们平日里还要多和孩子们交流，了解舆情，利用个别沟通或主题班会，及时将潜在的矛盾扼杀在摇篮中。事中，先要及时与双方家长沟通，沟通时注意语气、态度，要礼貌，让家长感受到老师对孩子的重视、对家长的尊重，要了解家长的不满与诉求，要和家长讲清利害关系，告知家长插手会给孩子成长造成的不良影响，要让家长相信老师会公平公正地解决问题，安抚双方家长的情绪，让双方保持冷静。要及时和产生冲突的孩子与见证冲突的孩子沟通，厘清事情的来龙去脉。然后在友好的氛围中，让产生冲突的孩子认识到自己在整个事件中不对的地方，晓之以理，动之以情，友好解决。最后把双方家长约到学校，将冲突的来龙去脉、孩子间的矛盾又是怎样友好解决的，进行一一说明，让冲突双方的家长认识到，孩子之间的摩擦难以避免，作为成年人的我们要理智，要及时地和班主任反映情况，要适当放手，让他们在老师的协助下友好解决矛盾，培养他们的社交能力。事后，要通过主题班会的形式，告诫孩子们同学之间要团结友爱，遇到矛盾不可怕，要及时把矛盾反馈给老师，通过老师公平公正地解决，不要把矛盾带回家，以免矛盾升级。

【心理干预——主题班会案例】

不要成为孩子们重归于好的障碍

（一）教学目标

掌握应对孩子间冲突的有效方法，能冷静地和对方家长化解矛盾。

（二）教学方法

案例分析法。

（三）教学准备

报道视频《上海两名小学生打闹引发爸爸约架：一人头被敲破，警方已介入》，课件。

（四）教学过程

第一环节：分享案例，引发思考

首先，我们一起来看一则报道《上海两名小学生打闹引发爸爸约架：一人头被敲破，警方已介入》。

近日，一则"小学家长约架，头破血流进医院"的微信对话截图和视频在网上热传。网传截图显示，两名三年级男生因在学校做操时"踢屁股"、倒水时"绊摔跤"产生摩擦，两名学生家长遂在微信群内发生口角并"约架"。

"陈爸，你是不是没吃过苦头！"记者在聊天记录截图中看到，其中一名小学生的父亲张某因为儿子疑似在学校被打，在家长群内率先发难。

被点名的"陈爸"反驳称，自己儿子确实打了对方三下，但起因是对方做操踢了自己儿子屁股。"陈爸"还不甘示弱地表示："口气这么大，你说，我随你。"

随后两人争吵升级，火药味渐浓，并约定第二天早上在校门口见。

争吵中，两个孩子的妈妈也加入"战局"。"张妈"对"陈爸"称："前几天我儿子去倒个水，你儿子就绊他一跤，回来说膝盖疼。我们想孩子顽皮也算了，今天又主动挑事，不能光听自己孩子的，要去调查调查的。"

"陈妈"则对"张妈"："麻烦加下你微信，确认下情况！"

形势愈演愈烈，其他学生家长纷纷在微信群内劝架，希望平息纠纷。然而第二天一早在学校门口，"陈爸"仍用U形锁敲破了"张爸"的头，后者鲜血直流，当即被送进了医院。

而另一头，两个孩子只是互相"埋怨"："你爸把我爸打住院了。""我还被我爸打了呢！唉，我们就是闹着玩的，怎么闹出这种事情呢？"两名小学生大眼瞪小眼，思考不出结果后，就牵着手出去玩了。

提问1：听完这则报道，您有何感想？

预设：处理孩子间的矛盾时要理智，不要冲动。

提问2：假如您是这则报道中的一方父母，您在得知孩子之间打闹时，您会怎么办？

第二环节：互相交流，探讨如何积极应对

（1）请一些家长交流自己遇到这样的情况会怎么办。

（2）其他家长补充。

第三环节：提供指导，发出号召

（1）提出建议。

①保持理智，弄清前因后果。

② 依据性质，区别对待。

如牵扯到"校园欺凌"等原则性问题，不要让步，要和对方家长及教师一起按原则处理；如是一些小事，则先鼓励孩子自己处理，该道歉的道歉，该友好沟通的友好沟通。孩子彼此之间解决不了的，再由家长私下协商。

③ 协商无果，及时找教师解决。

如经过家长私下协商仍无法解决的，则请老师出面调解。

（2）发出号召。

发出"请不要成为孩子们重归于好的障碍"的号召。

（五）活动反思

学校生活中，孩子之间产生矛盾在所难免。作为老师，我们要帮助孩子分清矛盾的性质，掌握应对的办法。孩子要根据事件的性质区别对待：小矛盾私下友好解决，涉及"校园欺凌"的矛盾则要及时寻求教师和家长的帮助。家长要理智对待孩子带回家的矛盾，在教师的帮助下弄清原委，在教师的协调下和平解决。

◤ **专家点评**

无论是学生矛盾还是家长矛盾，班主任的引导、指导都很重要。解决矛盾沟通很关键，而沟通必须建立在良好的家校关系上。这也不是一日之功，所以班主任的日常工作需要用心去做。

——青岛王埠小学　蓝芳

如何帮家长认识到家庭教育的重要性

青岛市城阳区夏庄街道丹山小学　崔艳

【问题提出】

"双减"政策的一些规定，基本都是为了减轻孩子的作业和考试压力，以及加强以学校为主的教育主阵地。孩子的学习大部分都可以在学校完成，放学后有时间做一些自己喜欢的事情，发展兴趣爱好。家长们讨论说，这政策下来了，我要辞职在家带娃，专门辅导孩子了！也有家长认为，时间宽裕下来，孩子的压力小了，可以带出去旅行了。看来，每个家庭都有自己对"双减"政策的看法。

【问题分析】

"双减"的目的其实是想告诉大家真正的教育并不在于校外培训机构，而是家庭教育和学校教育的结合。真正的学霸不一定是靠刷题刷出来的，但他们普遍生活在和睦的家庭环境中，有强烈的自我驱动力。

【问题研讨及解决策略】

主持人：今天我们就一起讨论一下："双减"政策下，如何帮家长认识到家庭教育的重要性。希望在大家的交流中，互相学习。

孙杨锋：我认为最好的家庭教育不是放任式的，放任自流，孩子可以随心所欲地干自己想干的事；也不是专制式的，牢牢束缚，做完家庭作业，做买来的习题，一头扎进题海不得空闲。最好的家庭教育是民主式的，在讲究原则的前提下，尊重孩子的意见，尽可能地陪伴孩子参加一些有益的活动，陪伴孩子健康成长。在班主任工作中，我们可以在家长会上播放发人深省的案例视频，引发交流讨论；可以推送关于家庭教育的蕴含大道理的小故事，一起学习；可以让班级里教子有方的家长介绍经验心得，集思广益；可以组织家庭教育小组，答疑解惑。

王慧：孩子的成长需要社会、家庭、学校三方面共同努力。而有些家庭教育的作用没有很好地发挥出来。"双减"政策的其中一个目的就是让家庭教育回归本真，这对于广大家长来说，将是非常大的挑战。"双减"政策实施后，家长们要认清形势，进入角色，切实担负起应该承担的责任。我认为可以引导家长这样做。（1）与孩子一起学习、成长。家长要学习正确的家庭教育方法，全面了解青少年心理特征，如与其他家长一起探讨、请教教师和家庭教育专家、去专业的心理咨询部门学习等。（2）密切家校联系。家长要积极参加家长会及学校开展的活动，主动与教师沟通，了解学生在校的学习和身心状况，虚心向教师请教，制订有针对性的家校联动教育方案，合理规划在家的时间，积极配合学校教育。

王翠洁：习近平总书记在 2015 年春节团拜会上的重要讲话中强调："家庭是社会的基本细胞，是人生的第一所学校。不论时代发生多大变化，不论生活格局发生多大变化，我们都要重视家庭建设、注重家庭、注重家教、注重家风，紧密结合培育和弘扬社会主义核心价值观，发扬光大中华民族传统家庭美德，促进家庭和睦，促进亲人相亲相爱，促进下一代健康成长，促进老年人老有所养，使千千万万个家庭成为国家发展、民族进步、社会和谐的重要基点。"

家庭教育专业委员会理事长朱永新认为家庭是人生最重要的场所。因为人生就是从家庭开始的。人的一生实际上生活在四个地方，即母亲的子宫、家庭、学校和职场。这四个场所里，最长久、最重要的场所还是家庭。

从中我们可以感受到家庭是孩子培养成长的土壤，是孩子腾飞最重要的平台，是孩子一辈子的大课堂。因此，我首先会借着每一次家长会或线上家长会的机会，向家长们传递这样的信息，引起家长的重视与关注。其次，我会将自己教学二十多年来所教班级的优秀案例，分享给家长们。再次，我会请现在正在教的班中优秀家长分享自己带孩子的经验和做法，让家长们在彼此的影响中共同学习，共同研究，共同成长，从而让孩子从中受益。最后，对于问题比较突出的孩子，我会面对面、点对点地走入家庭，动之以情、晓之以理地与家长分析孩子问题的根源，订计划，定时间，想策略，家校配合，帮助孩子养成良好习惯，充分发挥家庭教育在孩子成长中无可替代的作用。

宫雪丽：正如崔老师在思考中提到的，目前家庭教育层面的两种极端，是导致学生两极分化的主要原因。在孩子的成长过程中，家庭教育和学校教育同等重要。所以我认为，针对目前的这种情况，第一，帮助家长转变教育观念，正确认识"双减"政策。结合家庭教育情况、孩子的个体情况进行分析，统一教育目标。第二，帮助家长制定助力孩子健康成长的共同愿景，并针对此愿景提出改进策略。第三，互相取经学习，取长补短。身边的榜样是孩子们最容易接受的，也是最容易学习的。不仅孩子们之间可以建立良好的学习交往，家长之间也可以进行和谐的沟通，相互交流，共同助力孩子的成长。家庭教育与学校教育是相辅相成、合力育才的，任何一方的缺失都会影响孩子健康成长。所以在孩子们的成长之路上，让我们家校共同携手，助力孩子们健康成长。

邵娟：家庭是孩子的第一所学校，父母是孩子的第一任老师。家长对孩子的要求、期望也是多种层次的，有些要求、期望和学生的实际、我们的教育思想很可能是不相符合的。所以，我们必须和家长联系、沟通，以便相互了解和理解，在教育孩子的理念、标准、实际操作方面达成共识，形成教育的合力。"双减"政策落地以后，我首先通过线上家长会给家长解读了何谓"双减"政策，在这种大背景下，家长们该如何做才能缩减孩子的两极分化。然后通过微信群，经常给家长推荐一些有关家庭教育的文章。对于学困生，则是通过入户家访，和家长面对面沟通交流，提出建议，推荐一些小妙招，指导家长们做好家庭教育工作。总之，只有家校沟通，家校合作，才能助推孩子的健康成长。

靳艳霞："双减"对家长提出了更高的要求，对陪伴的质量有了更高的需求。教育归根结底是教书育人，落脚点是"育人"，而家庭是"育人"的根据地，因此家校沟通显得尤为重要。第一，沟通学习。让家长了解孩子在学校学习情况，重点是学习态度，而态度的反射点之一就是书写，因此，学习方面引导家长关注书写。第二，沟通习惯养成。从孩子物品准备、听讲状态、同学相处等各个方面进行不定期反馈，引导家长重视习惯养成，明确习惯决定性格，性格决定命运。第三，沟通身心健康。当发现孩子身心异常时及时沟通，尽早帮助孩子调整身心，健康成长。

韩巍： 面对"双减"这样的"减法"，我觉得更重要的是它背后的"加法"，我们应该为孩子们增加些什么，应该与家长达成共识。要让家长意识到，提出减负担，是以提兴趣、增素质，培养学生德、智、体、美、劳全面发展为目的。所以，家长需要对孩子有更多的关注、更多的陪伴、更多的沟通。不能单纯以提高学习成绩为目的，而要让孩子更多地参与到家庭活动中来，培养孩子的实践能力、责任意识，使孩子懂得付出，学会感恩，并在此基础上根据自己的兴趣展开更为个性化、自主化的学习。

主持人总结： "双减"政策下，学校和家庭都有了更多可以自由支配的时间，策划、开展集体活动，帮助孩子发展各项能力，但是更需要家长多关注孩子的变化，了解他们的需求，和孩子一起慢慢成长，而非只看每次的成绩，下滑了就劈头盖脸地训斥一顿。关注孩子的内在成长比分数更重要，也是"双减"政策所希望达到的。我们之前谈论的关于学生的"自律"，父母如果在孩子的学习上干预太多，就会让孩子产生强烈的依赖感，孩子也认为自己只是为了成绩而学习，为了父母而学习，本来应该是学习的主动者，现在变成了被动者。老师们今晚谈的家校合作就是希望能够让家长们意识到家庭教育的重要，也可以通过互相交流育儿经验，取长补短。

教育的终点不是考上一所好大学，而是贯穿人的一生。"双减"政策也是希望家长尊重孩子个性和需求，正确处理教育内卷下的情绪和压力。感谢老师们今晚的交流与分享！

【心理干预——家庭教育指导案例】

"双减"政策下，是松还是紧

（一）线上家长会

父母是孩子最好的老师。父母在家庭中的一言一行都是孩子学习的对象。"双减"政策之下，父母如何做好放学后的接力工作？如何在家庭中助力孩子的成长，形成良好的家校共育氛围？家长应该怎么做好家庭教育呢？今天我们就一同来学习。

做父母的，不管你的孩子正处于哪个年龄段，你要想教育好他们，就必须提前了解他们的心理，向他们灌输"学习是自己的事情"的观念。这将会促使他们的成绩稳步前进，而不是厌学。父母要对孩子多些鼓励，少些抱怨；多些表扬，少些批评。

1. 陪伴是最好的教育

优秀的孩子是父母"陪"出来的，幸福的孩子是家长"伴"出来的。父母的爱心、细心、耐心、精心陪伴，是孩子生命中必不可少的养料和精神慰藉。

现在家长可以陪孩子娱乐，陪孩子运动，陪孩子游戏，陪孩子逛书店，陪孩子走进大自然，陪孩子欣赏山川河流、天高云淡，陪孩子感受波澜壮阔、碧波荡漾……

这些陪伴，虽然不能帮助孩子直接获取分数，却能释放孩子的天性、娱悦孩子的身心，让孩子尽情地享受快乐的时光和幸福的童年。

2. 让孩子知道学习是他自己的事情

很多父母在孩子的学习上花了大量的心思，但是容易让孩子产生误解他是在为父母学习。父母越是逼着孩子去认真学习，越可能给孩子创造拒绝学习、反驳父母的机会。

案例：

一天，妈妈下班回家，看到晓宇拿着课本在客厅里一边看电视，一边看书。她没有像往常那样勃然大怒，逼着孩子回到自己的房间里去看书，而是跟孩子打过招呼后，就开始忙自己的家务。

一会儿，晓宇沉不住气了，跑过来对妈妈说："妈妈，我们明天要考语文。"妈妈"嗯"了一声，就没再理他。他还在继续试探妈妈，说："可是，妈妈，我还没有复习完呢！"妈妈还是"嗯"了一声，又开始忙自己的事情。晓宇有点失望地对妈妈说："妈妈，你怎么不理我呀？你是不是不关心我了呀？"

妈妈放下手里的家务，认真对他说："你似乎希望我逼你去看书。妈妈当然希望你能考出好成绩了，可是学习是你自己的事情，要不要去看书，在哪里看书，是应该由你自己来决定的事情。"从此以后，晓宇对妈妈的话深信不疑。

当孩子试探父母时，父母的态度一定要坚定，说不参与就不参与。如果面对晓宇的试探，妈妈用责备的口气对晓宇说："再不好好看书，就会考试不及格""考不好会被老师惩罚的"……那么，晓宇就会继续与妈妈玩这种"你越管我，我越不好好学"的游戏。

3. 告诉孩子你要为理想而学习

现在有很多家长这样劝孩子好好学习："如果你不好好学习，将来就找不到好工作！""如果你不好好学习，将来就娶不到媳妇（找不到好老公）！""如果你不好好学习，将来就会成为社会最底层的人，就要过很艰苦的生活！"……

也许父母试图用自己的经历和经验来说服孩子要好好学习，然而，父母却忽略了这一点：四年级的孩子正处于思维的高速发展期，他们已经有了自己的思维，不再像小时候那样，父母说什么他们就信什么。作为父母，我们应该告诉孩子，他们要为自己的理想而学习。

在帮助孩子树立理想时，家长要特别注意：一定不要把自己的想法强加于孩子身上。例如，强迫孩子把某个不喜欢的职业当作自己的理想，而是要根据孩子的特长和爱好，帮助孩子树立理想。

4. 给予充足的关注

家长不要只关注孩子的作业、成绩，应该更多关注孩子的身心健康。我们要用欣赏的眼光来看待孩子，真诚地关注孩子的各个方面。大自然给不同的孩子赋予了不同的禀赋和特长，不是所有孩子都可以考满分，也不是所有孩子都可以上名校；不是所有孩子都能够成为科学家，也不是所有孩子都能够当明星。就像大自然为鱼儿提供水塘，为鸟儿提供树林，为骆驼提供沙漠一样。

每个孩子都是独一无二的天使，既然他们生来独特，又何必非得按照统一的模式、唯一的分数标准，把他们培养成同一个模子刻出来的人呢？

"双减"政策是国之大计、家之大业，更是家长素质和孩子能力的双重比拼。让我们做一个有担当的家长，和学校互相配合，为孩子们更好的明天共同努力。

（二）活动反思

"双减"实施，"5+2"落地，家长是不是就可以当"甩手掌柜"了呢？很显然，不是的，也是不能的。孩子的成长并不是学校和教师单方面就可以完成的，必须形成家校共育、家校同责的良好氛围。

深入学习"双减"政策后，我们发现"双减"政策的核心目的依然是落实"立德树人"根本任务，通过有效减轻学生学业负担，从而提高学生的学习兴趣，促进学生德、智、体、美、劳全面发展。

本次线上家长会的关键词：陪伴、关注、自主学习、为理想而学。

家长重视家庭陪伴，周末手机关上，带着孩子去远足，做一些很有意思的亲子活动，增加家庭的凝聚力，增进家长和孩子之间的感情。

"双减"给了孩子和家长更多自主支配的时间，家长要学会陪伴孩子成长，在共度亲子时光中，更多关注孩子个性化、多样化的发展需求。家长只有真正懂"双减"，才能真正做到减轻负担、缓解焦虑，才能在真正意义上促进孩子身心健康发展。

"双减"政策是构建具有中国特色、世界水平的新时代高质量基础教育体系的重大举措。"双减"不仅是对我国教育格局的重大调整，更是教育观念的大变革。如果家校共育方法科学，落实到位，培养出的人才必将符合当今新时代的需要，能够真正托起实现中华民族伟大复兴的重任。

◤ 专家点评

父母是孩子最好的老师。父母在家庭中的一言一行都是孩子学习的对象。"双减"政策之下，父母要做好放学后的接力工作，在家庭中助力孩子成长，形成良好的家校共育氛围。作为孩子最亲近、最了解孩子的人，家长要培养孩子的习惯、兴趣、特长、情绪、情感以及自控力、专注力、交往力等能力，与老师协作配合，共同助力孩子成长。好习惯让孩子一生受益。让优秀成为一种习惯是一个美好的愿望，是我们不懈追求的目标，让我们从自身做起，并带动孩子一起努力，用心教育孩子，用心帮助孩子进步，用心陪伴孩子成长。

——青岛王埠小学　蓝芳

如何开好家长会

青岛沧海路小学　韩巍

【问题提出】

忙碌的一学期结束了，作为班主任，我们在忙忙碌碌的期末工作中必然少不了家长会。家长会作为学校、家庭教育者相互交流教育思想、共同寻找教育方法的重要途径，越来越被教师和学生家长重视。但是"千篇一律"的家长会、"雷打不动"的流程让家长感到枯燥乏味，甚至出现家长逃避家长会的情况。

【问题分析】

家长会是家校沟通联系的重要形式，家长会组织得好不好，能不能达到目的，不仅直接影响学生的教育效果，也反映了班主任的组织能力和工作能力，是家长给老师各项能力直接打分的时候，其成功与否将直接影响班主任在家长心目中的形象。成功的家长会不仅能促进班主任与家长之间的良好沟通，而且"家校合力"将对老师日常的教育教学工作起到"四两拨千斤"的作用，其重要性不言而喻。所以，在召开家长会时，我们既要使家长对班级整体状况和学生个体在学校的成长过程有一个全面的了解，也要充分利用家长会的时机，调动家长参与班级管理的积极性，以达到家校密切配合，共同管理好、教育好学生的目的。目前，很多家长在教育孩子方面会产生焦虑情绪，所以，我们也可以通过家长会向家长讲解一些心理学知识，如美国心理学家艾利斯的 ABC 理论、解压技巧，帮助家长缓解焦虑情绪。

【问题研讨及解决策略】

主持人：我们如何让家长会真正发挥好作用呢？又怎样建立和谐的家校关系呢？希望在大家的交流中，我们相互学习。

孙杨锋：会前，我们可以利用问卷星等工具统计家长们的最大困扰。如一些家长有相应的良策，则安排相关家长发言；如一些自律的孩子有值得推广的经验，则安排这些孩子发言。会上，不仅要谈班级的整体学习情况，还要谈这个年龄段孩子的特点、本年级要着重培养的能力、建议采取的措施、家庭教育的一些建议等。会后，可以留下几个孩子、家长个别交流。

韩巍：杨老师的建议很好。会前调查使得家长会的方向更加明晰，更加有针对性、实效性。

王翠洁：会前，我会把这学期班级工作安排以及孩子这一学期各方面取得的进步梳理出来，再请家委会负责人把家委会的工作也梳理一下，我还会让孩子们给为他们成长付出最多的家长们写一封信。家长会流程如下。（1）班主任开场表示对家长到来的感谢，然后讲讲家长会的目的——共同帮助孩子成长。（2）班主任介绍本学期班级工作安排和管理策略。（3）请班长主持，把班级同学取得的成绩一项项公布，学生代表领奖，他的家长颁奖。然后由学生代表进行学习、读书能力提升的经验交流，家长录下视频，回家回放给孩子看。接着本学期的特色——美文分享和优秀日记现场交流。最后由家委会主任交流本学期工作，并公布优秀家长志愿者名单，由他们的孩子为家长颁发证书和奖品，还有一个大大的拥抱。（4）由语数英三科老师讲讲本学期学科学习的做法，假期需要配合落实的措施，希望家长们配合督促、引导。（5）送上孩子写给家长的一封信，家长送上对孩子未来的期许、祝福和感谢。

韩巍：王老师的家长会全面具体，内容丰富，让家长真真切切地感受到了孩子们的进步。学习了！

靳艳霞：我们的全校家长会昨天进行了彩排，我们级部基本流程如下。（1）班级活动回顾，展示孩子们一学期的活动，不同才艺的孩子重温学校美好生活。（2）疫情防控要求。对假期要求进行解读，确保家长通信畅通。（3）强调假期安全。通过一些溺水数据引起家长重视，确保老人看管的孩子、回老家的孩子有人看护，确保安全。（4）学情分析。从平日课堂纪律、书写水平、课堂发言等方面进行表扬，指出问题，提出建议，让孩子和家长能够发现优点，看到不足，知道努力的方向，借助假期查漏补缺。（5）作业建议。我们要遵守上级规定，不强制布置书面作业，但也有家长不停咨询，建议老师给出方向。所以，本次家长会会根据本学期出现的问题，考虑三年级需要的基础，给孩子们罗列部分建议作业。（6）感谢家长一学期的配合，表扬积极到校参与各项活动的家长，期待家委会利用假期组织家长带着孩子一起参与更多社会实践活动，在活动中增强班级凝聚力，拓宽学生视野，提升学生素养。最后，说明无论下学年是否继续担任班主任，这个假期我都一定会继续为同学和老师服好务，让孩子们度过一个充实的假期。

韩巍：靳老师结合平日的学习情况，根据本班孩子的特点帮助家长为孩子们制订计划，使孩子们能度过一个充实而有意义的假期。

李萌：韩老师的这个"如何开好家长会"的话题真好。特殊时期，这几个学期的家长会基本都是线上举行的。家长们和孩子们一同守在电脑前，这种方式有利有弊。好处是家长会录播可以让没有参与家长会的家长反复观看，弊端是无法面对面和老师沟通交流。我在家长会上通常会安排以下几项内容。（1）假期安全、疫情防控知识宣讲。（2）回顾总结这一学期取得的荣誉，对部分学生进行表彰。（3）试卷简单分析，为下一步学习奠定基础。（4）特别表扬这学期为学校班级做出贡献的家长，提升班级凝聚力。（5）布置假期任务，尤其是社会服务、家务劳动、阅读方面的任务，让孩子利用好假期。

韩巍：我们今晚6点也是线上家长会。就像李老师说的，虽然总感觉隔着屏幕，交流沟通会有些障碍，但仍要精心准备，最大限度地提升家长会的有效性。

邵娟：确实，有时候家长会固定的流程会让家长感到枯燥乏味，甚至出现家长逃避家长会的情况。那是因为家长们更多地想了解自己孩子的情况，所以，我在召开家长会时一般遵循以下几个原则。（1）简洁：对于一些固定的流程，如班级工作总结、安全注意事项等做到简洁明了。（2）重点：家长最关心的是自家孩子的在校情况，所以在这一环节我会根据每个学生的优缺点逐一进行点评，给家长提出一些建议，虽然时间有点长，但是我发现每到这个环节，家长们听得最认真，而且比较喜欢。（3）诚恳，鼓励。一般在最后的环节，我会给家长们加油鼓励，并给出一些方法和建议。每次家长会后，家长们的反应都非常热烈，效果也很明显。

崔艳：周六我们就要进行线上家长会了，经过这几次线上家长会，我们都感觉到一些不方便，即使平时可以电话、微信交流，但总是比不上面对面的沟通更加亲切直观。我们家长会的流程和大家差不多，安全是头等大事，特别是毕业班的孩子们，他们的心理正在经历一个转折，从小学生到初中生，更需要家长的引导和关注，同时防疫也不能松懈，这些老生常谈的话题过后，家长们最关心的还是孩子们的学习。除了表彰优秀、进步的学生之外，其实家长们之间也需要一些育儿方面的经验交流，线下家长会和家访的时候，家长们在一起经常会因为某一个共同话题而引发探讨，所以除了在家长会上听老师的讲话之外，我们也需要倾听家长们的心声，让家长把自己好的教育方法分享给大家，而我们班主任也可以适当加上一些现代学生心理的分析，毕竟孩子们越来越早熟，不能以过去的理念面对他们。

王慧：今晚我也召开了线上家长会，主要跟家长交流了孩子一学期的学校学习生活，家长们听得很认真，同时提出了建议，要养成良好的习惯，能改变我们一生的也许就是一些良好的习惯！成功是一种习惯，失败也是一种习惯；对孩子而言，养成良好的生活和学习习惯受益终身。父母的言传身教也会潜移默化地改变和影响孩子。所以在我们要求孩子别这样别那样、要这样要那样时请问问自己是否这样做了。而良好的习惯都是在一些琐碎和细微的小事中培养与构成的。都说行为决定习惯、习惯决定性格、性格决定命运，那么期望经过努力能使孩子们养成良好的学习、生活习惯，让他们将来在寻找成功时不至于两手空空。

韩巍：我也是刚刚开完线上家长会，会后也与个别家长进行了一对一的交流。就像崔老师说的五、六年级孩子的心理问题比较普遍，在交流中也是尽自己所能，给予家长一些比较合理的建议。

王老师强调的习惯养成的确不容忽视，家长往往把挑剔的目光放在孩子身上，很少注意到孩子往往就是自己的缩影，尤其是各种习惯，我们不光要言传，更重要的是身教！

宫雪丽：一学期下来，老师们都很辛苦，家长们也很辛苦，特别是协助我们班级工作的家委会的家长，以及为学校志愿服务的家长，所以无论这个学期经历了什么过程、取得了什么成绩，开家长会第一件事，我一定会感谢所有的家长，是家长们的支持，才让我们能顺利地、平安地度过这一个学期。第一，对于班级各方面的工作有贡献的家长，我一定会代表所有学生点名表扬，让家长感受到他为班级所付出的一切都在班主任的眼中、在班主任的心中。第二，对整个学期班级的各项常规工作要进行梳理，让家长了解到孩子们这一个学期，除了学习以外所经历的一些学校的活动，对孩子们取得的集体荣誉要表扬，更要感谢背后默默支持的所有家长。第三，简单分析考试中存在的问题，提出合理建议和改进方向，特别是指导孩子假期做好合理的安排。第四，提出要求。假期中，安全方面、防疫方面、学习方面、外出以及孩子的自我管理等方面，都要提出明确要求。没有规矩，不成方圆，定下的规矩请家长监督做好。第五，对于有问题的情况，进行一对一沟通。

韩巍：班级各项工作的开展都离不开家长的支持。正如宫老师所说，我们要把家长的支持与付出，看在眼里、放在心中，做到家长与老师相互支持，互相尊重。要真正做到"家校携手，合力育人"，需要班主任在平日工作中用心，更需要我们真诚地表达与沟通。

主持人总结：如何开好家长会是班主任每学期的"必选题"。无论是学期初还是学期末，无论是线上还是线下，我们在开会之前都要做好充足的准备，根据本班的情况，通过多种多样的形式，让家长会更加丰富多彩，更有实效性。

如何借助电影、电视资源助力班级正向发展

青岛市崂山区西韩小学　宫诚

【问题提出】

小学阶段的孩子心智还不够成熟，对很多事物认识不够深刻。这个时期的孩子需要家长和老师采用学生乐于接受的方式进行正确引导，这样才能使孩子心智发育健全，而仅凭说教，学生听起来枯燥乏味，久而久之，学生就会产生心理抵触，甚至产生逆反心理。作为班主任，我们如果能够恰当借助多媒体资源助力班级管理，效果会事半功倍。今天我们就一起来共享资源，聊一聊在班级管理中曾经借助了哪部电影或者电视剧助力班级正向发展。

【问题分析】

影视作品讲述人生百态，看不同的影视作品就如同品读不同的人生，从中可以领悟各种美德与品格，可以借鉴不同的阅历与经验，可以感悟不同的道理与真谛。寓意深远的影视作品不仅让学生易于接受，更可以触及他们内心深处，结合儿童受众的心理效应，加上班主任及时有效的引导和提升，对学生的成长会产生深远而长久的影响。

【问题研讨及解决策略】

靳艳霞： 我先来抛砖引玉，我想与大家分享邓超主演的电影《银河补习班》。电影讲述了作为父亲的马皓文因一次意外事故而入狱，让他遗憾地错过了儿子七年的成长时光。他用自己独特的教育方法和满满的爱给予儿子马飞自由成长的空间，使儿子拥有独立思考的能力和面对困难的勇气。马飞面临学业问

题，尽管在学校看来儿子没有可塑之处，但马皓文从未放弃，鼓励孩子找到心中的梦想并为之努力。阎主任和马皓文立下赌约，打算用一个月时间将马飞的学习成绩提高，证明他不是不可救药的学生，也是可造之才。影片告诉我们：① 永远不要认输；② 坚守自己做人做事的价值观底线。我最受触动的就是这句话："我要像你一样，永不认输。"话虽然很简短，但是不同的人生阶段肯定有不同的理解。我想人生绝大多数时候遇到的最大对手就是自己，是自己的怯懦，自己的懒惰，自己的无知。观看完电影，我们一定要组织学生进行讨论交流，最后达成共识，这样的教育效果远远大于我们枯燥的说教。

宫雪丽：我每一届学生，我都会给他们看一个公益短片——《一碗牛肉面》。通过短片，教育孩子知道感恩，明白孝道，体会生活的不易。两三分钟的短片，引导孩子确立几个素材，根据自己体会最深刻的一个点，确定写作主题，并围绕这一主题，指导学生学习选材。这个短片的重点在语文学习，过程中穿插思想教育。

孙杨锋：推荐电影《叫我第一名》。影片简介：布莱德患有先天性的妥瑞氏症，这种严重的痉挛疾病导致他无法控制地扭动脖子和发出奇怪的声音。而这种怪异的行为更是让他从小不被周围的人理解，在学校里老师经常批评他，同学们更是对他冷嘲热讽，就连他的父亲也对他失望透顶。只有他的母亲一直是他的坚实臂弯，母亲的坚持与鼓励让他能够在正常人的生活里艰难前行。然而面对这个不能理解他的世界，布莱德一直在痛苦的旋涡里挣扎。直到在一次全校大会上校长在众人面前巧妙地让大家了解了布莱德的真实情况，让他有了成为一名关爱学生的教师的坚定梦想，即使因为这个病症让布莱德在寻求教师梦想的道路上遭到众人怀疑，屡屡受挫，但他始终坚持着自己的这份梦想。为了找到一个愿意接受自己的学校，布莱德不抛弃梦想，不放弃信念，默默地努力。而他曾经曲折的人生道路在他的坚持下也开始慢慢好转……该片根据布拉德·科恩的真实故事改编。推荐理由：（1）有时老师的几句话可以改变孩子的一生。作为老师，我们要重视语言的力量。（2）不要让生理缺陷或挫折阻挡你追求梦想的脚步，不抛弃，不放弃！（3）孩子要想茁壮成长离不开父母的教育。

宫诚：最近我们班每天中午都会看《中国诗词大会》，这个节目真的挺好的，涉及的知识面非常广，是我们平时的学习中接触不到的，孩子们很喜欢。为什么让孩子们看这个节目呢？语文学科"授人以鱼不如授人以渔"，无论是一首古诗的学习还是一篇课文的学习，孩子们缺少的是对文章背后的知识的理解，而这个节目，在很大程度上是对我们语文学习的补白，各位专家对诗词的理解、对背景的介绍，呈现出来的不是枯燥的知识，而是生动有趣的故事，孩子们很喜欢，也很有收获。

韩巍： 今天正巧有个家长给我推荐了一个视频《父亲的五元午餐》，让我放给孩子们看看。视频通过作者与打工父亲的对话，体现了父亲的艰辛、不易、乐观与责任。现在大多数孩子每天在学校里学习，即便回到家里，也被父母的爱包裹着，给予最好的照顾，很难体会到父母的不易。我觉得这样的小视频可以给孩子多看看，一方面不会占用太多的时间；另一方面也让孩子体会父母的不易，学会自强，学会感恩。

王慧： 推荐电影《地球上的星星》，它讲述了一个8岁男孩和他所读寄宿学校的美术老师的故事。通过夸张社会的秩序和学校的规则向观众展现了每个孩子都有独一无二的天赋，都是一个别人无法取代的角色。从影片中就可以看出每个孩子都有闪光点，等待我们去发现。电影通过伊桑的例子，来说明教育过程中家长所扮演的举足轻重的重要角色，父母应更多地关注孩子心理层面真正的需求，释放孩子的天性，让人有很大的启发。

宫雪丽： 以前和孩子们一起看过《金刚川》，电影主要是围绕修桥、炸桥、守桥、过桥的不断呈现，反映出抗美援朝志愿军坚持不懈、毫不气馁，以及压不垮的坚定信念。看这样的影片可以激发孩子们的热情，培养孩子们乐观、团结、积极、向上的精神。

李萌： 我强烈推荐央视纪录片《河西走廊》《我的牛顿教练》《航拍中国》《门捷列夫很忙》《跟着书本去旅行》，都可以在"学习强国"上看。对于不同年龄段的孩子都可以丰盈学识、开阔眼界，有助于班级形成积极向上、努力探索的班风。对于电影，我推荐《放牛班的春天》。影片描写了一个原本在院长眼中是一群不守规矩、没有教养、无可救药的孩子，如何在音乐代课老师的耐心教导下，脱胎换骨，蜕变成温文儒雅、乖巧懂事的可人儿。如果我们遇到这样一个班级，不正是验证我们教学耐心的时候吗？

崔艳： 六年级孩子推荐观看纪录片《地球脉动》。该片通过各种动物在全球环境日趋恶劣下迁徙的经历，唤醒世人好好珍惜地球，对抗全球气候变暖。通过这部纪录片，孩子会看到罕见的雪豹在漫天大雪中猎食的珍贵画面，看到冰原上企鹅、北极熊、海豹等动物相互依存的温馨画面，看到生活在大洋深处火山口高温环境下的惊奇生物，还会看到地球各地的壮观美景和奇特地貌……每一集都是一场视觉盛宴，每一幅画面都直击心灵，绝对是孩子认识地球、感知世界的神级纪录片。从南极到北极，从赤道到寒带，从非洲草原到热带雨林，从荒凉峰顶到深邃大海，难以计数的生物以极其绝美的身姿呈现在世人面前。

　　徐雅茜：我比较喜欢看纪录片，因此推荐小学生看《航拍中国》，这是中国有史以来航拍规模最大的纪录片，看完每一集，爱国之情都会油然而生。通过这部纪录片，让孩子们可以像鸟儿一样，离开地面，冲上云霄，结果超乎想象。孩子们可以前往平时无法到达的地方，看见专属于高空的奇观，俯瞰这片朝夕相处的大地，即使再熟悉的景象也变了一副模样……

　　邵娟：我们班最近观看的电影是《伴你高飞》。电影主人公，13 岁的女孩艾米和妈妈生活在一起，一起交通事故夺去了妈妈的生命。艾米跟着好久没有见面的父亲来到了农场生活，新生活让她很不适应。因为野雁，她和爸爸终于成为亲密的一家人。正如题目所说的那样——伴你高飞，是爸爸伴着女儿高飞，是艾米伴着野雁们高飞，是故事伴着我们的心在高飞！因为涉及动物，所以孩子们都比较喜欢看。在观看的过程中，他们也感受到了人与动物的和谐相处，以及父母对子女的爱。

　　主持人总结：一千个读者就有一千个哈姆雷特。每个人的生活经验不一样，对于电影的理解也不一样。今天大家推荐的这些资源，相信对于集体中的每一个学生都会有触动心弦的片段，他们内心深处一定会或深或浅地埋下一颗向善向上的种子，在阳光、雨露的滋润下慢慢生根发芽，茁壮成长！

如何巧妙沟通，化解家长与任课
教师之间的矛盾

青岛李沧路小学　　王慧

【问题提出】

班级是个小社会，存在着各种不同的对象关系，如班主任与学生的关系，班主任与任课教师的关系，任课教师与学生、学生家长的关系等。当家长向你倾诉对任课教师的一些看法时，班主任如何有效沟通、化解矛盾？

【问题分析】

家长与教师都是孩子成长路上的引导者，都以实现孩子正向发展为目的，然而，在日常教育孩子的过程中，由于家长与任课教师对于教育理念、教育目的以及学生的了解并不一致，双方在共同教育学生的问题上容易出现分歧，如果家长和任课教师双方没有针对存在的问题积极沟通，随着时间的推移，双方之间的信任度就会降低、不满情绪就会加重。一旦学生出现问题，家长和任课教师的矛盾就会进一步激化，导致不良后果的发生。班主任在班级中扮演了组织者、协调者的角色，需要巧妙沟通，化解家长与任课教师之间的矛盾。

【问题研讨及解决策略】

王翠洁：班主任是一个班级的灵魂和核心，与学生相处时间相对较长，对学生了解相对较多，在学生中的威望也相对较高。班主任的话学生听得较多，班主任任教的学科学生学得也往往相对较好。而任课教师的话学生有时可能会不买账，学科成绩也会相对较差。个别任课教师与家长的矛盾来自学生。因此当学生和科任教师发生矛盾时就需要班主任来协调。那么，班主任在协调双方之间的关系时又该注意哪几点呢？（1）尽量支持任课教师的工作，为他们的工作提供条件和方便，让他们充分发挥在教学中的作用，并虚心听取他们对班级工作的意见和建议。（2）班主任要教育学生尊重任课教师，多宣传各科任教师的优良品质、专业特长，树立科任教师的威信，协调任课教师与学生的关系，及时化解科任教师和学生的矛盾。（3）邀请任课教师参加主题班会、联欢会、课外活动等班集体活动，增加师生之间的相互了解，加深师生情感。通过这些措施，连接了任课教师与学生的关系，从而化解了任课教师与家长们的矛盾。

韩巍：班主任与科任教师是一种相辅相成、相互合作的关系。要使本班学生与各科任教师形成一个和谐的整体，班主任就应主动与各科任教师取得联系，包括班规的制定、班级干部的选取、评价制度的制定，都要征求科任教师的意见，多沟通、多交流，从而使心往一处想，劲往一处使，实现班级共同的奋斗目标。

孙杨锋：首先，安抚家长情绪，表示会就家长反映的问题深入了解，会及时和家长反馈。其次，与相关学生和科任教师分别沟通，尽量全面地了解事情的原委。再次，和双方沟通。如是误解，客观公正地陈述事实，让家长意识到误解老师了；如双方都有值得商榷的地方，则请双方先冷静下来，角色互换，理解彼此，再从家校共育这个角度和双方深入交流，让双方意识到应该怎么做。最后，创造机会，让矛盾的双方解开心结，冰释前嫌，重新投入家校共育中。

靳艳霞：首先，班主任要提高自我素养，掌握较多沟通技巧，能够灵活地与各种性格的老师进行有效沟通。其次，班主任要认识到，班级文化建设离不开各科任教师的携手共建，所以本班班级文化建设之初要与科任教师多沟通。一旦科任教师与家长发生矛盾，班主任要多方面了解情况，耐心听取家长意见。然后与科任教师了解情况，深入了解事情发生的前因后果。如果能够游刃有余地解决此问题，叫上双方友好解决；如果自己没有把握，多多咨询有经验的教师，有了把握之后才能圆满解决。

王慧：帮助家长树立正确的成才观，提高家长素质和家教质量，事实证明，家长确实很渴望获取教育子女的好方法。

崔艳：其实家长对任课教师有看法，就是因为缺少对任课教师的了解。那么，我们就应该在学期初，家长们第一次认识任课教师的时候，起到一个引领的作用——主动介绍。例如，在微信群里，简单介绍，让家长对任课教师有一个初步认识。班主任还可以借助家访等机会，主动介绍任课教师平时的教学方法和教学态度，听取家长的意见和建议，成为他们之间沟通的桥梁。很多时候，问题的起因就是缺乏沟通和了解，所以作为班主任，我们一定要注意双方的沟通，这样家长和老师才会站在同一阵地，携手同行，孩子们才会阳光向上、快乐成长。

王慧：让学生明确地认识到，老师都是希望自己的学生好的。家长配合老师工作才有利于对孩子的教育，这是我们与家长之间需要达成的共识。

宫雪丽：家长对任课教师的意见，能通过班主任进行反馈，说明家长对班主任是信任的，他希望通过班主任解决这个矛盾。所以作为班主任，我们收到这样的"投诉"，无论家长意见多大，首先要表示感谢。其次，对家长反映的问题要调查了解。出现问题，一定是缺少沟通，互相不理解，话说开了就好了。建议班主任与双方分别沟通，促进互相理解。最后，对双方提出建议，增进双方了解，达成共同意愿。

主持人总结：当矛盾冲突发生后，班主任不应回避矛盾，要自觉地承担起一个组织者、协调者的角色，要比科任教师、家长、学生站得更高、看得更远。教育工作从台前到幕后，从学校到家庭，体现了作为班级教育活动的组织者、协调者的领导力和人格素养。班主任对偶发事件处理的好坏，最能体现一名教师的师德、教育机智、理论修养的水平。同时，每次偶发事件的正确处理都是对班主任工作的一次锤炼。所以，班主任工作更需要用智慧，在不断的实践中探索出具体的、生动的、行之有效的工作方法。只有这样，班主任才能真正成为班级工作的协调者。

【心理干预——家庭教育指导案例】

家校沟通化矛盾

（一）教学目标

（1）实现家长与任课教师良好沟通，寻找沟通路径，良好化解矛盾。

（2）家长和任课教师能够实现角色互换，站在对方立场看问题，宽容待人。

（3）通过双方面对面交流，形成良好的人际关系，互相了解。

（二）教学方法

感知—交流—应对—体悟。

（三）教学过程

第一环节：情感体验——角色互换

班主任利用 PPT 出示案例一。

案例一：小杨是班里一名特别让老师头疼的学生，上课不认真听讲，学习态度很差，还喜欢和其他同学交头接耳，影响到周围同学学习。有一次，你上课发现，他在你课上搞小动作，还踢旁边同学的腿，这时你会怎么做？

要求：

（1）家长以老师的身份对小杨的行为进行处理，四个家长为一个小组。

① 小组内每个家长的处理方式不能与其他家长相同。

② 家长阐述自己处理行为的理由。

（2）要求家长与家长相互讨论，在讨论的过程中，需要坚持自身的处理方法。

抛开家长作为教师处理小杨同学这一事件的正确与否，经过交流，一方家长普遍感受到对方家长都很固执，不愿意接受别人的想法，从交流之初双方心平气和就事论事到最后心情变得暴躁，而且一致认为对方的处理方式欠妥。

（3）班主任将家长的处理方式进行汇总。

（4）班主任询问家长，有没有方法做到就事论事，避免争吵的现象发生。请家长列出五种方法。

第二环节：情景探究——沟通交流

（1）关于孩子的日常学习，您与孩子的任课教师是如何沟通交流的？（家长代表发言）

（2）小杨回到了家，妈妈看到他的脸上红了一块，小杨告诉妈妈是老师拿尺子打的，作为家长的您会怎么做？

（3）请您想一想，刚刚您的做法会造成怎样的后果？然后请您再想一想，是不是还有其他更合理的方法能够解决问题？静下心来思考后，您还会采取之前的那个方法吗？

（4）请家长就各自的处理意见进行交换。

（5）小组内请家长讨论一下哪种处理方法最好？为什么？

第三环节：演练拓展——应对方法

案例二：周三下午体育课，教师完成授课内容后，让学生进行自由活动。小明同学于是自主进行练习，由于跑得急没站稳，一不小心摔倒在地。体育老师上前查看，小明自己觉得不太严重，就和体育老师说没事，于是正常上课，也没有将事情告诉班主任。可是周四上午，小明说自己腿疼得厉害，父母就请了假，带小明去医院检查。下午，母亲便气势汹汹地给班主任打来电话，电话里她非常生气，说是体育老师不关心孩子，害得孩子没有及时得到治疗。

（1）想一想，您认为小明母亲的做法对吗？面对孩子受伤这件事，您会怎样处理？

（2）您支持案例中体育老师的做法吗？面对孩子受伤事件，您怎么处理？

（3）总结如何解决冲突。

①冷静。当出现矛盾时一定要冷静，想一想，冲动会带来怎样的后果？

②换位思考。能够站在对方的角度看待问题，理解对方的这种反应，我是不是真的存在这样的问题？如果我是对方，我会有怎样的感受？

③真诚沟通。进行自我反思后，针对存在的问题进行沟通，找出合理解决问题的方法，化解矛盾。

④宽容待人。不能因为一次误会，就不原谅对方，要学会谅解对方的行为，形成良好的关系。

第四环节：分享表达，提升沟通效能

（1）请各位家长想一想，自己有没有对其他家长、任课教师存在误解的地方？

（2）在日常教育孩子的过程中，您有没有因为自己的一时冲动，导致与家长（任课教师）冲突越来越严重的事情？

（3）如果回到当初，您还愿意坚持这种做法吗？

（4）如果您对自己的行为感到后悔，请您在班会结束后，和家长（任课教师）真诚地致歉！相信只有解除误会，家校协作才能更好地对孩子进行教育。

（四）活动反思

面对孩子受伤，许多家长往往会变得不理智，很多情况下，情绪会失控，家长会打电话给班主任，要求班主任给予满意的处理结果，某些家长会投诉教师，甚至投诉学校。班主任设计任课教师可能与家长出现的矛盾，通过反思环节，家长进行反思，了解到冲动处理问题并不能得到好的结果。家长冷静思考自己的沟通方法是否合适，能够了解到合理沟通的重要性，并且站在更高的角度看待问题，当出现类似事件后，能够合理处理矛盾。

专家点评

家校合作是实现教育合力的关键一环，班主任通过合理的策略，化解家长与任课教师之间的冲突，让家长认识到自己与任课教师关系的重要性，也让任课教师了解到家长的需求。在家校合作过程中，家长或任课教师无法发现自身存在的问题。主题班会将活动和体验作为核心要素，通过角色互换这一活动环节，让家长与任课教师实现角色互换，只有感同身受，才会明确不良冲突给人际关系带来的伤害。进而通过情景探究，引导家长和任课教师从实际出发，思考如何化解危机。班会进入第三个环节演练拓展，让家长和任课教师探究出缓解冲突的方法，通过冷静期与冷静后的态度比对，引发自我反思。最后，分享表达，家长（任课教师）了解自身存在的问题，谈谈自身感受，避免双方在教育孩子问题上的不良冲突。

——青岛铜川路小学　李曙光

下篇 从『心』出发

——做好班级引领者

新学期班干部的选拔与培养

青岛王埠小学　靳艳霞

【问题提出】

班级管理是一门艺术，需要班主任的智慧，需要与任课教师协调沟通，以达到同行共好的目标。管理班级大小事务占用了班主任较多时间，而优秀班干部的参与使得这项工作事半功倍。班干部的选拔与培养不是随随便便指定几个人就能解决的，班级需要的班干部不单能够协助班主任管理班级，更重要的是在班级发挥引领作用，同学们信服。

【问题分析】

在如今的小学班级管理中，孩子们从早上 8 点左右到教室，一直到下午 3 点左右放学，大约有 7 个小时的在校时间。如果这么长时间仅凭班主任看管，那么班主任肯定会焦头烂额，更何况还有诸多工作要处理：教研、会议、作业批改……因此，一个班级的管理需要学生自治。但是仅凭这些小学生来自治根本就不可能，所以班干部就应运而生，他们往往是老师的得力助手，在教师不在的时候发挥着重要的作用。那么，班干部的作用仅仅是教师的小助手吗？中小学学生从其身心发展特征来看，通常具有较强的竞争心理和效仿心理，每个学生都积极在集体中表现自己，因此，班干部的选拔和任用还需要多多考虑竞争心理与效仿心理。

【问题研讨及解决策略】

新学期，大家在班干部选拔与培养方面是如何进行的呢？如果还没有进行班干部选拔，你打算怎样做？

韩巍：班里如果有非常得力的班级干部，班主任会感觉轻松很多。但是我想班级干部的作用不只是"老师得力的小助手，同学的好榜样"，还应该有助于学生民主意识的培养，要让更多学生参与到班级管理中来。所以，班主任一开始可以采用民主选举的方式进行选拔，让每个孩子都参与进来，同时在实施时，还要配合完善的班级制度让班级干部管理的效能发挥到最大。

王慧：一个优秀的班集体必须有一支能干的班干部队伍。班干部是班主任在进行班级管理中不可或缺的助手，其工作能力的高低、工作方法是否高效、在同学中威信的高低，往往能够决定一个班的精神面貌与风气。"火车跑得快，全靠车头带"。要想建立一个成功的班级，班主任就要选择一些品学兼优、责任心强、身体健康、乐于为同学们服务的学生担任班干部，并根据他们在性格、能力上的差异，安排相应的工作并进行培养和教育，使班干部成为同学们的榜样，带动其他同学不断进步。所以，组建一支精明强干的班干部队伍对班集体凝聚力的形成起着至关重要的作用。

孙杨锋：班干部是教师的左膀右臂，是同学们的学习榜样，其重要性不言而喻。个人认为班干部的选拔和培养要经历以下几个阶段。（1）选拔前，按素质匹配。要多观察孩子，留意每个孩子的特点。个人自身素质过不过硬，能不能以身作则，能不能用自身的正能量带动全班，至关重要。（2）选拔后，帮他们适应岗位。管理中遭遇阻力怎么办？遇到突发事件又该怎么办？……这些都需要在定期召开的班委会上解决，在会上充分倾听他们的烦恼，给予他们相应的建议。（3）磨合后，充分放手。在班委会上，列出近期班级工作要点后，不搞"一言堂"，充分听取他们的建议，在完善他们建议的基础上实施。

徐雅茜：我是二年级的班主任，孩子们刚刚能够进行自主管理，把自己的分内之事做好，管理他人对于他们来说，稍微有一点难度，但是我也想尽力培养，发现优秀的小助手。因此，从这学期开始，我在班里推行了"一日班长"，每天轮流安排一名男生和一名女生，来搭配管理班级的课间纪律、路队纪律等。这样让每一个孩子都参与其中，既锻炼了孩子们的能力，树立了自信心，也让我从侧面更好地发现有能力的优秀人才。

靳艳霞：我也是二年级的班主任，学习了！我也试图安排具体职务给自我管理能力强，或者有潜力的孩子，让他们定岗位、明职责。每个职务我都安排了两个孩子，这样的好处是：第一，互相学习，互相提醒；第二，孩子年龄小，请假事宜比较多，如果有一人请假，不会出现空岗现象。

宫雪丽：部编版三年级下册语文教材第二单元的口语交际，题目是"该不该实行班干部轮流制"。这个话题其实提了好多年，是否合适？上学期围绕这个话题，我是这样做的：第一，摸底。班里有多少人想当干部，想当什么干部？第二，组织一场辩论。班干部轮流制，利大于弊还是弊大于利？第三，报名一日班长轮流。前两个环节是增强认识和了解，第三个环节是挖掘人才。在这个环节中，我没有完全放手。与学校相关的工作仍由原班长去做，班级的日常工作由一日班长负责，一日班长每天进行工作总结，班长评价。一轮下来，我从中选出8名值周班长，再来一轮训练，然后根据个人特点，安排合适的岗位。这个过程中，值周班长会出现岗位不完全适合的情况，可以磨合，可以培养，孩子们的可塑性还是很强的。

姜倩：班干部的选拔非常重要，首先要知人善任，通过日常观察了解学生擅长的事情，圈定每一个岗位的最佳人选；然后给予孩子们锻炼机会，让孩子既得到充分的锻炼，又给班干部岗位确定具体人选。除了表现良好的孩子，班主任也可以拿出值日班长、图书管理员、早读领读等机会给更多表现一般的学生或者暂时落后的学生，让他们能够获得班级荣誉感，进而提高对自己的要求。

李萌：我是六年级的班主任，结合毕业班的特殊性，我开展了"小组合作竞争上岗"模式，即将班级分为6个大组，每组会在不同领域（包括上课、作业、纪律、卫生、劳动、文体活动等方面）进行评比。获胜的小组就可以担任下个星期的班干部（由小组成员自己分配职责）。这样既让高年级的孩子得到锻炼，也不至于班干部总是那几个孩子，人人都是班级小主人。

宫雪丽：很赞同杨锋老师提到的三个阶段，特别是召开班委会。我们日常的工作往往出现问题是直接召开班会，省去了班委会的环节，也错失了培养班干部的良机。而召开班委会，可以指导干部的工作方法，鼓励干部大胆前行，是班主任言传身教、培养干部的有效手段。

崔艳：作为六年级的班主任，班里学生较五年级明显更成熟、稳重了一些。但是一部分班干部变得内敛了，也是让我有点措手不及。目前我还没有进行新一轮的选拔，但我预想的是：新学期、新起点，重新审视和观察每一个孩子，找到他们的亮点，分析他们所擅长的领域。小组评比和个人竞争相结合，选拔自律性、综合能力强的学生成为班干部。为了提升学生的班级向心力，采取班级日志的方法，每人轮流进行每日班级情况的记录和整理，使每个孩子都有我是班集体小主人的责任感。

靳艳霞：近年来，我一直教低年级，班干部一般都是从一年级开始慢慢观察，给予机会安排大大小小的职务，之后在这些岗位上再慢慢历练选拔适合的学生到一些更重要的岗位，想做到人人轮流很困难。前年我担任了三年级班主任，我在开学第一周就告诉孩子们，有意愿担任班干部的同学准备述职报告，上台展示自我，第二周利用班队会课让他们——来述职。那一年，我的收获很大。有很多孩子有这个意愿，有足够自信。通过自我推荐、同学们选拔，评选出了第一批班干部。最后我还举行了一个仪式，让这些当选的同学分别宣读了"班干部宣誓词"，让他们明确职责，感到自己的责任。没有当选的作为预备班干部，如果有请假的或有失职等情况便于及时补位。

孙杨锋：谁也不是生来就会管理，成人如此，孩子更是如此。孩子能模仿教师的管理行为，却领悟不到管理精髓。好比婴儿由会翻身到会爬再到会走最后到会跑，各个阶段都需要我们从旁助力。

韩巍：后期我们的辅助和引导的确很关键，孩子毕竟还小，如果管理方式不当，很容易引起学生之间的矛盾，适得其反。另外，班级干部本身要端正态度，以免形成"特权群体"。

曹琳：我是从中年级接的班。选拔好小干部后，首先，帮助他们明确认识：班干部没有特权，应该树立责任意识、服务意识，还要有自我约束能力。其次，我教给他们方法，主要以扶为主，同时做好观察。最后，当他们具备了一定的能力后逐步放手。放手也不是放任不管，班主任要做好观察和了解，及时帮助班干部纠正不恰当的做法。

宫雪丽：一个班的状态往往跟班主任的行事风格很像。班主任雷厉风行，这个班往往就纪律严明、有章有法；班主任懂得尊重学生，这个班的学生往往也情商很高、尊重老师；班主任有梦想有追求，这个班的学生对自己就更有要求，更加自信和自律；班主任热爱运动，这个班运动会的成绩就好；班主任婆婆妈妈，学生就似乎有点稀里糊涂……这说明什么？我想，至少说明，班主任在一定程度上决定着一个班的精气神。而很多班干部都带有班主任的影子，所以培养班干部，班主任的言传身教很重要。

孙杨锋：亲其师，信其道；尊其师，奉其教；敬其师，效其行。

邵娟：我是六年级的班主任，我的做法是告诉学生期末评优首先从班委会中选拔，然后召开班委竞选班会。（1）个人自愿参与竞选，民主投票选举。这样学生才会信服。（2）班主任召开班委会会议，明确责任和分工，卫生、纪律、礼仪、学习四个部，实行承包制。（3）每个部分委员自己找两个小助手，协助他们管理。（4）一开始班主任要每天跟进，及时反馈，干得不好的两次机会提醒。（5）评价奖励要及时跟进，通过"刮刮乐"提高他们的积极性。

肖丹：同为六年级班主任，经过疫情，暑假回来后，我发现孩子们身心有了不小的变化。他们自我意识明显增强，很在意自己在别人心目中的看法。有一名同学还因为没有选上校导护生而感到很失落。对此，我认为本学期除了重新推选适合的班干部外，还应给其他孩子管理班级、争做小主人的机会：重视优秀小组的评比，组员轮流成为组长，组长自行分配职责，对于那些从未参与过管理的同学是不小的鼓励。

宫雪丽：我觉得，选拔干部应该有个标准，如品质优秀、充满正能量，还得正直、有心眼、敢说话、不怕惹事。

主持人总结：智慧碰撞真好！今天通过大家的交流碰撞，老师们都有一个共鸣：班干部在整个班级管理中非常重要；班干部的培养需要老师、学生双方都付出努力；教师要善于观察，大胆任用，艺术引领，精心培养；学生本身品质高尚，正直果敢，能屈能伸。新的学期，希望师生携手，共创班级精神家园！

【心理干预——主题班会案例】

竞选班干部

（一）教学目标

1.通过民主竞选班干部，成立正式班委，进一步增强学生的责任意识，让他们知道如何才能当一名合格的班干部，使他们拥有效仿的对象，从而在班级形成一股你追我赶、积极向上的良好班风。

2.通过自主制定班规，培养学生自觉、自律的作风，从而达到建班育人的目的。

（二）教学准备

（1）竞选前宣传工作。

（2）参与竞选的同学做好演讲准备。

（3）任命票数统计员和监督员。

（三）教学过程

1.选举启动

（1）班主任宣布竞选班干部活动正式开始，全体起立，唱班歌，读班训。

（2）宣布本届班干部的选拔需具备的条件：

①有自控能力，能自我管理、自我约束，既能管好自己，也能管好别人。

②遇事冷静，做事认真、负责、胆大、心细，与人交往诚实、守信，有很强的集体荣誉感。

③与人交往大方、从容，思考问题沉稳，头脑清楚。

④有较强组织能力、乐于助人、有威信，处理问题富有原则性。

⑤吃苦耐劳，有爱心、耐心、上进心，主动关心帮助别人，不自私。

⑥与大家融洽相处，灵活沟通，平易近人，脾气好，对人和蔼可亲。

（3）班主任宣布竞选职位、职责。

2.民主选举

（1）宣布本次参加班干部竞选的候选名单。根据前期自主申报确定竞选班干部的候选名单，并将名单记录在黑板上以备后面无记名投票。

（2）候选人抽签排号，按顺序进行竞选演讲。鼓励同学们自信大方演讲，可以脱稿，也可以借助稿件演讲，以便于给更多学生锻炼的机会。

（3）当场进行无记名投票。现场唱票，如未过半数重新投票。

（4）班主任宣布新一届班委会成员。

3.就职仪式

（1）班长代表新一届班委会发言。

（2）班主任对新一届班委提出要求并颁发干部标志。

（四）活动反思

本次班队会，我综合了工作室老师们的意见，在新学期重新审视和观察每一个孩子，找到他们的亮点，分析他们所擅长的领域。采取自我推荐、小组评比和个人竞争相结合的方式，选拔自律性、综合能力强的学生成为班干部。为了提升每个学生的向心力，采取班级日志的方法，班级内所有人轮流进行每日班级情况的记录和整理，可以绘画表达，可以语言表达，可以表扬或者批评班干部，也可以表扬普通学生，当然也希望他们提出中肯的建议，使每个孩子都树立我是班集体小主人的责任感；定期召开班委会会议，深入了解班级发生的事件以及他们的内心想法；分别找班干部们管理起来比较有难度的同学沟通，了解内情，及时处理。定期举行主题班队会，从面上表扬优秀，指出问题，进行奖励或者处罚；实行班干部轮流制，让优秀的班干部带动普通学生参与班级管理，最终达到人人有岗位，个个懂管理，在班级形成比、学、赶、帮、超的良好氛围。通过一次次班会、一次次沟通，唤醒每一个孩子的内驱力，让他们自内而外自主成长，让他们的学校生活得到快乐，享受童年的幸福，为将来成为素质高、有幸福感的人奠定良好基础。

专家点评

班级中设置班干部不仅仅是为了协助班主任管理班级，更重要的是让更多的同学参与班级管理，培养班干部的管理能力的同时也让他们有一个展示才能的机会，在管理与被管理中学会在集体中成长，从而为学生持续发展和终身幸福奠定坚实的基础。老师们结合教学、班级管理，想出了很多行之有效的方法，值得借鉴。

——青岛李沧路小学　王翠洁

多日不能到校，班主任该如何管理班级

青岛弘德小学　孙悦

【问题提出】

班主任是一个班级的组织者、领导者和教育者，不仅要完成自身的教学任务，还要开展班级工作，全面教育、管理、指导学生，可以说责任重大。但有时我们可能会因为各种原因需要多日请假，不在学校。学校一般会安排代课老师以及代班老师，但是班主任职能的特殊性使得代班老师没办法完全上手，有些问题还是需要班主任来参与解决。小到学生生病请假、忘带东西家长来送，大到学校突发情况统计、学生之间爆发激烈冲突等。如果学校本身就师资紧张，请来的代班老师并不能连续代班，而是一天一个甚至一天多个，在管理混乱的情况下，更会雪上加霜。那么在多日不能到校的情况下，请假的班主任该如何有效参与班级管理呢？

【问题分析】

在学校教育中，一切教育和教学都是通过最基本的活动单位——班级进行的。班级是学生管理的基层单位，学生要在这个集体里学习、生活、成长。因此，优良的班风对于促进学生管理规范化、提高学生学习的积极性、实现学生全面发展的目标起着重要的作用。良好的班风不会自发地形成，需要学校尤其是班主任的精心营造和建设。作为班主任，如何从心理学角度去认识和了解学生，营造和建设良好班风，找到适当方法对学生进行管理，最终实现学生自主管理，是我们本次研究的主要内容。

【问题研讨及解决策略】

主持人：请老师们结合班级管理中的具体案例，谈谈自己是如何对学生自主管理进行有效指导的。

孙杨锋：首先，我们应该把离开时代班老师的联系方式发到家长群里，把家长们的联系方式发给代班老师。这样，即便有突发情况，双方也可以及时沟通解决。其次，平日注意培养自己的左膀右臂——班干部队伍帮自己分忧解难。我们要有意识地培养他们，帮助他们掌握遇到各种事件时应对的方法，如同学受伤，可以兵分多路，第一时间联系代班老师和校医……再次，每晚都要挤出时间和代班老师以及班干部了解当天情况，看需不需要自己及时处理一些矛盾。最后，平日里要注意培养学生自律。学生自律一旦养成，我们自然会省很多心。

韩巍：我认为一个班级如果无论班主任在与不在都能表现得一样好，应该是得益于班级长期扎实有效地精细化管理，还有孩子们平日里好习惯的养成。如果班级实行了责任分工，每天能在班级干部的带领下各司其职，那么班主任不在，一些常规的工作还是能够正常进行的。当然，班级里总有个别孩子自觉性稍差些，可能会在我们不在时"放飞自我"，所以我们可以叮嘱班干部和代班老师着重注意一下这部分孩子，在外出前做好交接，并在回来后及时召开班会，对此期间的表现进行总结。

王翠洁：遇到长时间外出情况，作为班主任兼语文老师的我，会按照三个环节逐一落实：外出前任务明确—外出阶段时时关注—外出返回后总结反馈。第一环节：外出前任务明确。我会告知家长和学生我的外出时间与事由，然后把代课（班）老师及家长的联系方式告知互通。接着召开班委会，明确这几天班干部更应该充分履行职责，做好记录，尤其是班长，做好班主任助理，统筹协调纪律、卫生等工作的落实。我会把每天的语文作业安排给语文课代表，让她按日期布置，第二天组织批阅。对于同步习题集等，我会把做好的答案发到微信群里，麻烦家长代劳批阅（特殊时期特殊对待，家长都能理解），如果孩子不明白，晚上私信我进行一对一讲解。第二环节：外出阶段时时关注。这个阶段虽然外出培训学习很忙碌，但我会抽空关注微信群，晚上我会联系部分家长、班委，了解情况后，及时沟通相关家长，请求家长配合落实孩子作业、常规等问题。第三环节：外出返回后总结反馈。返回后我会分发礼物给孩子们，讲讲我的外出所见所闻所感，然后让班委、同学们谈谈各自的工作、学习情况及表现。最后我会进行总结，表扬老师不在时表现优秀的同学及现象，希望出现的问题都能及时解决。

我认为这样做，虽然有些累，但久而久之，孩子就会把一些好的习惯和品质内化于心，从而形成老师在与不在孩子都一样优秀的良好班风。

靳艳霞：首先，平日里要有意无意地培养班干部，给他们放权，给他们提供机会模拟班主任不在时出现各种状况的处理方式。其次，正式外出前与副班主任交代各项日常工作，把班级学生信息表交接，以备不时之需。最后，与家委会做好交接，确保每天接送孩子安全，家委会帮忙协助副班主任看管好孩子，有问题发挥纽带作用。出差在外，定时与班干部进行沟通，了解班级情况。回来后及时总结。当然，非班干部同学的主人翁意识在平时也要注意培养，让他们心中有集体、行动有标准。尽量安排每个孩子都有自己的对应岗位，在履行职责时充分感受到集体的温暖，发自内心地热爱集体，在行动上践行主人翁精神。

崔艳：看了前面老师们的方法，真的是收获颇多。虽然自己没有长期外出的情况，但是每当自己外出，必提前跟各个班干部打好招呼，叮嘱让他们各司其职，负责好自己的岗位，维持好班级的正常秩序。同时也跟任课教师和代理班主任做好沟通，对于当天生病请假或者有特殊情况的孩子，将他们的情况一一做好交接，并且随时与老师沟通，以便做好应急处理。最后是跟家长们提前打好招呼，将自己外出的原因以及代理班主任的情况与家长简单介绍，让家长配合学校的工作。

邵娟：我每次外出时也是把每天要布置的任务写在一张纸上交给班长，每天让他来布置；走之前召开班干部会议，安排好每个人的岗位职责；每天晚上负责人汇报情况；我会根据班干部反映的情况进行调整，需要代理班主任配合的，我再联系他。

李萌：我也经常有外派任务，不管是出去一周还是出去半天，首先，我一定会先跟孩子们交流"我要出去"这件事，而不是悄悄地"溜走"。然后嘱咐所有班干部各尽其职，回校后给予相应的评价。其次，为了避免不必要的麻烦，我也会在班级群里跟家长提前沟通，让家长知晓。再次，每次外出时我都会跟代班（课）老师协调好，（身体特殊、行为特殊的孩子）让任课教师心中有数。

最后，回校后，我会专门拿出一到两节课召开班会，让班干部将我外出期间发生的事情进行汇报，奖惩并施，再次增强学生的主人翁意识。

宫雪丽：我的主要做法是：放权、放手、放心。

关于放权。每一名班干部都有权力，根据班干部职责分工，每天要对每个同学的表现打分，如体育委员，根据当天路队、广播操及大课间活动情况加减分，表现一般的加几分，好的加几分，不好的扣几分；卫生委员，对当天眼保健操、个人卫生、桌洞整齐等情况给予检查和打分……每个人当天的分数和自己的努力有关，也和班干部有关，分数的汇总及公平性由班长负责。

关于放手。在平时的管理中，如果有同学对每天班干部打分的成绩有疑问，我也不会插手解决，而是让他找班长解决。再如，班级的板报、墙报，主题活动等，我都会将要求布置给相关班干部，他们各自凭能力去安排解决，当然，无论好与坏，我都是竖大拇指的。所以，充分放手，培养得力小干部，班主任平时工作比较轻松，外出时也比较少地给代班主任添麻烦。

关于放心。孩子们的潜力是巨大的，只要你肯相信他们，放权、放手，慢慢地就不用多操心了。例如，作为语文老师，平时要训练课代表布置作业，关键时刻，课代表也可以独当一面，这样我们外出就可以放心了。

主持人总结：感谢诸位老师分享的宝贵经验，今天讨论的主题背后反映的实际上还是班级自主管理与自行运作的问题，这就要求我们在日常生活中对班级精细化管理下功夫。合理分配班级的岗位与职责、做好班干部的日常锻炼与演习、设计合理的反馈指导机制，外出时也要注意做好与家长、学校的配合与沟通。在这些方面下好功夫，相信我们的班级会越来越好，学生的自主性也会越来越高。

【心理干预——主题班会案例】

我的班级我负责

（一）教学目标

提高学生管理班级与自我管理意识。

（二）教学方法

回顾对班级的热爱—发现班级中的不足—做班级的小主人。

（三）教学过程

1. 我爱我的班

转眼间，我们在学校已经一起生活好几年了。这几年来，通过大家的共同努力，携手并进，把班级变成了一个温馨的家。让我们一起来回顾一下。

（1）出示 PPT 展示班级取得的荣誉。学生回忆在班上发生的愉快的事。

（2）总结：这里面包含了每一个同学的努力。因为班级的每一个同学都是集体的小主人。同学们热爱这个集体，都有集体荣誉感，有责任心。

2. 班级中的不和谐

（1）班级就是我们家，我们大家都爱它。可是，在昨天，我们教室地上的一个废纸团经过两个课间 10 分钟也没被同学们拾起，值日生走过，无情地扣了分，从而影响了班级流动红旗的评比。让我们来看看，这个影响我们班荣誉的废纸团与旁边的流动红旗在课间 10 分钟都"说"了些什么。

（2）看视频。

出示：《纸团和流动红旗》（学生分角色提前录制好视频）

第一幕

纸团：喂！流动红旗，别看你现在高高在上，由于我的存在，你在这儿待不了多久了。（作幸灾乐祸状）

红旗：你待在这儿，破坏了教室原来整洁的环境，应该从这儿离开的是你呀。孩子们尽了很大努力才把我争取来的，我给四（4）中队带来了荣誉，他们都很喜欢我，我相信他们会想办法让我留在这儿的。

纸团：别高兴得太早了！我看这个班的孩子啊，对集体没什么责任感。你瞧！他们陆陆续续地从我身旁经过，即使看见了我，也能容忍我舒舒服服地躺在这儿。（作扬扬得意状）

红旗：我相信孩子们会尽快把你送到你该待的地方去的，我相信。

纸团：那咱们就走着瞧。（作不以为然状）

（旁白：时间一分一秒地过去了，不出纸团所料，孩子们果然对纸团置之不理，纸团越来越得意，流动红旗却在不停地叹气）

（第一幕结束）

（3）师：同学们，看到得意忘形的废纸团，你有怎样的想法？流动红旗为

什么在不停地叹气？（学生积极发言）

（4）师：想知道故事的结局吗？

第二幕

（旁白：上课铃响了，骄傲的纸团不得不收敛自己的言行，保持暂时的安静，好不容易熬过了40分钟，下课铃响了，教室里又恢复了喧闹。废纸团又打开了令人讨厌的话匣子）

纸团：哈哈！可怜的流动红旗，我敢保证，这次课间10分钟，学生们仍然会允许我躺在这儿。而你也快要从我面前消失了，让我提前向你说声"再见吧"！

红旗：我相信，这个班总会有对集体有责任心的孩子，当他们看见你时，是不会让你破坏这儿的环境卫生的。

纸团：哦！是吗？那我们就慢慢等吧！（作若无其事状）

几名学生走上前把纸团捡起扔进了垃圾桶，纸团垂头丧气。

红旗面带微笑说："谢谢你们，孩子们，我为你们的做法感到欣慰，荣誉是属于有责任心的孩子的。"

（全剧终）

（5）师：同学们故事听完了，你想说点什么？

（维护集体荣誉，使我们的集体更优秀）

师：能自觉拾起一个废纸团还远远不够，在平时的班级生活中，哪些方面我们还可以做得更好呢？

（学生讨论发言）

3. 我是班级小主人

（1）讲一讲：同学们，你们愿意成为班级小主人吗？

下面请大家谈谈自己应该怎样做班里优秀的小主人？

（学生可以依据自己的岗位和特点提出目标）

班级是我们的家，我们人人都要为它做出贡献，贡献自己的力量。每个同学在班级中都应该有为同学服务的岗位。

我们都是集体中的一员，集体的事人人都要管，争当文明集体是我们每一个人的心愿。

（2）师：看看我们班还缺少什么岗位？

可以再设立安全监督员、节电监督员、清洁小卫士、绿化大使等岗位。

（3）你愿意主动承担什么工作，乐意如何为同学们服务？

学生自荐，明确责任；完成申报表格；做到人人有事做，人人有职责。

（4）打印"申报表"填写，整理后将岗位、职责及人选张贴到班级公告栏上。要求孩子们真正做起来，感受到"班级工作，人人有责"。

（四）活动反思

很多孩子能够理解我们是一个班级群，却意识不到班集体是需要每个人去维护的；也有些孩子能够意识到，却嫌要管理的地方过多，做不到知行合一，最终放任自流。这堂班会课首先从回顾班级过往开始，增强孩子们对于班集体的认同感；其次趁热打铁，展示问题，让学生提出解决办法，加深学生的认知；最后分工合作，将庞大而繁复的班级工作化整为零，每人都有活干，每人都有班级中要承担的责任，引导学生切实感到每个人都是班级的主人。

专家点评

"人人有事干，事事有人干"。学生是班级的主人，班级工作各负其责，学生能够自我管理、自我约束，做到班主任在与不在一个样，这也是班主任人格魅力的体现。

——青岛李沧路小学　王翠洁

班主任如何合理安排座位

青岛沧海路小学　韩巍

【问题提出】

班主任管理事无巨细，大到教育教学各项活动，小到生活琐碎排座排队。特别是座位的问题，很多家长都比较关注。那么，怎样安排座位更有利于学生发展？面对家长给孩子换座的诉求，我们该怎样处理呢？希望在大家的交流中，我们相互学习。

【问题分析】

据调查，学生的座位可能会影响其学习成绩、学习态度，容易使学生的注意力分散，学生的座位还会影响其遵守课堂纪律的自觉程度。目前很多中小学学生的身高都超过他们年龄段的平均身高，一些具有先天性视力障碍的学生更要多加关注。毫无疑问，这些特殊情况下的学生应根据现实情况做出适宜的调整。因此，如何合理安排班级的座位，要结合多种因素综合考虑。

【问题研讨及解决策略】

王慧：班主任在班级管理中排座位难，对于安排座位，学生敏感、家长在意、班主任烦心，学生坐在哪里，同谁坐在一起，牵动着每个家长、学生，让教师、家长欲罢不能。我认为安排座位应优先考虑学生的视力状况。其次，合理统筹，定期轮换。定期轮换不但使每个学生获得座次平等的机会，而且隐含着其他的教育作用。因为每一次调换都会使学生产生新鲜感，对调节学生心理有积极的作用。定期给学生调换位置，可使学生的思维多层次、多方面地发展。

最后，兼顾学习水平差异。让学习好的学生与学习上有困难的学生同桌，以强扶弱，以优扶困，同时给予学习困难的学生向学习优异的学生学习的机会，形成一种互帮互助的气氛。把学习成绩差不多的学生安排在一起，相互学习、相互交流、相互讨论，因为他们学习成绩相当，坐在一起会形成互不服气、你追我赶的局面。

面对家长给孩子换座的诉求，教师首先要有理有据，解决家长问题。每位家长说自己的理由时都感觉很充分，但教师要把握好自己的尺度，不能一味地宽容，也不能一味地拒绝。沟通是必要的工作方式，而让家长了解你的工作作风、工作方向、班级管理和工作态度尤为重要。家长要求给孩子调座位，有理的可以马上解决，并告知家长这是自己的疏忽，请求原谅。理由不充分的可以根据情况灵活解决，在不影响班级管理的情况下解决。没有任何理由要求换座位的，可以和家长沟通思想，在确保孩子的学习不受影响的情况下，能调可以调一下，实在不能调要做好家长的思想工作。调座位看起来是小事，但影响却很大。它关系到家长对教师的信任，关系到学生对教师的喜爱，关系到家校之间的和谐发展。学生的座位调好了，不光家长放心孩子，就连教师管理班级也有事半功倍的效果。因此，小小座位调整要当成大事来办，只有这样，班主任的工作才能顺利进行，家长的大力配合才能发挥积极作用，家校之间的桥梁作用才会越来越牢固、越来越坚实。

孙杨锋：我这样安排座位。（1）个头为主，即优先按照高矮个来安排，个头矮一些的在前，个头高一些的在后。（2）兼顾学习，即兼顾学习小组的要求，组内异质、组间同质。（3）男女搭配，即尽量男女组合，对培养与异性的友好交往也是大有好处的。（4）动静结合，即好动的、自律力稍弱的同学和好静的、自律力稍强的同学结合在一起，适当中和。（5）每周轮换，即每周整列地轮换位置，保护眼睛。

面对家长的换座诉求，我们不能一口回绝，首先要通过交流明确家长要求换座的原因，判断家长的诉求是否是合理诉求。如是合理诉求，则虚心听取家长的意见，及时改进；如是不合理诉求，就要就为何不能随便换和家长做好解释，尽量让家长设身处地地为我们着想，同时就家长反映的一些问题提供合理的解决方案，达成共识。

王翠洁：我们学校推行"五L六D"小组合作教学法，因此座位我是这样设置的：每小组6人好、中、差各2人（当然好、中、差只是相对而言），两个中等生坐在一起，两名优生面对面坐在中间，两名后进生面对面坐在优生的另一侧，这样上课时，讨论时以好、中、差三组进行讨论，优生来帮助后进生，中等生两两合作解决问题，这样来促使小组成员人人参与，人人有事可做。通过这样的合作，优等生有了帮助别人、提升自己的机会；略差的同学得到了帮助，知识薄弱点得到解决，成绩渐渐提升。

李萌：在我们班课堂座位管理模式没有优劣之分，只有适合与否，合适的座位模式有可能使教学效果、学习效率事半功倍，反之则事倍功半。我是按照这样的原则安排座位的。（1）以公平之心对待每个学生。既要创造条件让成绩优异的学生脱颖而出，又要创造条件让全体学生都得到发展。要保证每个学生都有同等的机会参与课堂教学活动，在安排学生座位时，要以公正之心对待。（2）照顾到每一个学生的需求。要具体情况具体分析、区别对待。排座位要照顾好个子高或个子矮的、高度近视的、身体有残疾的等"困难户"，也要灵活应变，如有的学生视力不好，但适当靠后坐反而有利于视力恢复；将矮个学生的座位垫高；让个子矮且相差不大的学生坐在中间，形成中部纵列，个子较高且相差不大的学生坐在两侧，形成两翼纵列。（3）给学生搭配适合的小伙伴。要通盘考虑学生的性格、性别、朋友圈、兴趣爱好、学习成绩等因素，既要注重学习上的优势互补，也要激励竞争；既要考虑学生性格特征，又要顾及课堂纪律因素，尤其不可忽视学生的个性特点。（4）定期适当地调整班级座位。座位编排需要随时调整，并注意间隔时间，通常每隔一个月调整一次比较适宜。调整时不仅要左右轮换，还要注意前后轮换，在此过程中，一定要积极接纳学生的意见。（5）让学生成为班级的小主人。既要尊重学生意愿，讲究民主与自主（如可以让学生共同制定规则，促使学生当班级管理的主人，实现学生的自主管理和自我教育），又要注意使座位的安排有利于全班学习，体现平等与公平。

崔艳：座位的合适与否关系到学生的学习情绪、班级纪律和课堂气氛，直接影响学生的学习积极性和身心发展。我补充一点：特殊情况特殊对待。我们现在的学生，近视人数逐年增多，在排座位的时候要适当地根据个人情况进行调整，我在班里的要求就是近视的同学一定要配眼镜，但是如果有特殊情况不能配眼镜或者有其他原因，可以特殊对待，适当地往前调整一下。

宫雪丽：这个话题是做班主任的每年都会经历的问题，真好！我们班现在是四人或六人小组制，综合考虑了大家提到的成绩、男女比例、性格、身高等方面。每个小组分布 2~3 排，具体位置确定后，可以组内更改，由组内学生商量确定，跟我报备。所以，我从不受家长要求换座位而困扰。如果座位不合适，小组内同学会讨论，谁靠谁更合适。比如上周，因为调整了一个比较淘气的孩子到第一排，不到三天，组内两名同学找我，生甲："老师，某某同学太淘气了，我管不住他。我和同桌商量了一下，由我同桌靠着他，来管他，行不行？"我一看，小姑娘太文静，真为难她了。于是问她同桌："你能管住他吗？"同桌说："我试试，我觉得行。"我当然更没问题了。孩子们能自己发现问题，并想办法解决，他们互相之间没有意见，并且都想着往更好的方面迈进，我何乐而不为呢？所以，做班主任的，在大方向不变的情况下，该放手时就放手，孩子愿意，家长高兴，我们也轻松。

姜倩：班级座位的安排，我们作为班主任首先会考虑到孩子们的身高、性格、视力等情况，先进行统筹安排，再针对特殊情况进行调整。如果有家长因为孩子的座位问题找到我，我首先会了解孩子换座位的原因是什么，如果理由充分且合理，那么我会给予一定的协调。但很多家长接受孩子往前调却不容易接受孩子往后坐，有时一座之隔也容易"斤斤计较"，针对这种情况，我一般会面向全班同学询问，谁愿意主动与 ×× 同学进行交换。让孩子们先自己做出选择，然后我从主动换位的同学中选取最适合的。这样一方面有助于同学间互相团结；另一方面也能减少家长们的意见。

主持人总结：班级作为学生学习和成长的环境，对于学生有着很深的影响，而座位是否安排合理，不仅关系到孩子们的身心健康，还关系到师生间的关系是否能够和谐发展。所以，就像大家说的，我们不但要考虑孩子们的身高和视力，还要兼顾孩子们的性格发展及学习互动，同时也要综合考虑家长们的合理诉求。当座位上出现问题时，我们也可以在一定范围内给予孩子自主权，调动学生自主管理的积极性，并且要根据变化情况及时调整。一切以孩子们的健康发展为目的。

【心理干预——主题班会案例】

我的座位我做主

（一）教学目标

（1）经历任意选座的过程，引导学生体会合理排座的重要性。

（2）在排座过程中，培养学生的交流能力及综合分析能力。

（3）使学生体会合作的重要性，学会相互包容，与人合作。

（二）教学过程

1. 自主选座

谈话：同学们，刚刚开学，今天我们重新调整一下我们的座位。现在请同学们结合自己的想法，自己选择座位，同学们可以相互换座，进行调整。

（换座后，大部分学生换到了认为最满意的位置，有几个同学则愁眉不展）

问：同学们觉得这样坐怎么样？

生：可以——

慢慢地，一个、两个……学生举手发表看法。

生1：老师，我觉得××同学和××同学坐在一起，上课容易随便讲话。

生2：我觉得，××和××在一起，会影响学习。

生3：老师，我想换座位，但是没人跟我换，我觉得不公平。

生4：老师，您看他们几个都是学习好的同学，他们如果是一个小组的话，肯定有优势。

问：那么同学们觉得怎样安排座位才合理呢？请同学们思考一下。

经过全班交流讨论，得出以下几个观点。

（1）要考虑学生的身高和视力。

（2）要考虑学生的纪律表现。

（3）要考虑学生的学习情况。

（4）要考虑学生的性格特点。

谈话：同学们，要合理安排座位，我们需要考虑这么多因素。老师觉得大家都能够比较客观合理地找到自己合适的位置。那现在老师把选择的权利交给大家。我们共同来决定大家的座位好不好？

2. 重新组队

教师与学生交流规则后，按以下流程重新组队。

（1）竞选组长：全班经过自荐推荐，选出 6 个小组的组长。

（2）最佳搭档：每位组长选出一名配合默契的同学作为副组长。

（3）组建学习互补小分队：根据学习情况，组成二人（或三人）互帮互助小分队，加入小组时，小分队捆绑为一个整体。

（4）双向选择，分配成组。两位组长与其余同学经过双向选择，形成小组。

3. 小组排座

谈话：同学们，相信现在大家都找到了自己最为合适的搭档和小组。还记得我们刚刚说到的合理安排座位的几个要素吗？现在就请每一个小组根据各自的情况进行排座吧。

小组内学生经过交流讨论，合理排座。（教师巡视、根据情况适时指导）

谈话：同学们觉得现在的座位怎么样？

生 1：我觉得现在的座位很合理，我和我的好搭档在同一个小组，我们可以互相帮助。

生 2：我对我们的小组更有信心！

4. 活动总结

刚刚我们经过讨论，知道了合理安排座位的重要性，但是同学们，我们每个人都是不同的个体，同学之间要相互谦让、相互包容、相互帮助，只有大家团结一致，我们的团队才能更加和谐，希望我们每个人都能不断地进步！

如何规范高年级的课堂常规

青岛市城阳区夏庄街道丹山小学　崔艳

【问题提出】

我们现在的六年级在去年经历了重新分班，由于部分学生常规很差，重新分班之后，反而带动整个班级的课堂常规都下降了。有的学生已经有了自我放弃的表现，不感兴趣的课就不听了。针对这些情况，我与家长进行了单独沟通，也跟学生进行了谈话，但是收效甚微。现在班级整体的状态已经影响了任课教师的上课，在即将毕业的关键时期，如何规范高年级的课堂常规，请班主任老师们支支着儿。

【问题分析】

每位教师都热切希望自己的辛勤付出是有效的劳动；每位家长都满心希望自己的孩子每天在学校能学有所获，不断进步。

可有时我们的课堂却不尽如人意，有的教师主持的课堂常常是无效或低效的，课堂秩序呈现出吵闹、混乱的局面：学生有的互相嬉闹，有的玩着小东西，有的说着闲话，有的看课外书，有的东张西望显得无聊，有的眼神发愣心有旁骛，有的打着哈欠昏昏欲睡，有的虽然举着手但却站起来向前倾着身子喊着："我来，我来！"还有的跟旁边的同学闹着脾气……这样的课堂真可谓是混乱的课堂，其教学效果不言而喻。以这样的课堂为常态的班级或学科，教师自己也会苦恼不已。而一个好的课堂常规是教师能够将教学内容顺利且有效进行的前提和保障。学生之所以出现这种"失控"的局面，其实是缺乏内驱力的一种表现。"内驱力"的概念是心理学家荣格提出的，指的是在和环境交互中，个体自发产生的一种具有驱动效应的自我力量。

作为班主任，如何培养学生的内驱力，从而提升学生的课堂常规，是我们本次研究的主要内容。

【问题研讨及解决策略】

主持人： 请老师们结合班级管理中的具体案例，谈谈自己如何提升高年级的课堂常规。

王慧： 对于学习积极性不高的孩子可以对他们实施分层教学，降低要求，让他们达到一个小目标，然后适时进行鼓励，使他们获得成功的体验。同时教师要有耐性，要不厌其烦地讲解，让学生练习。教师还要做好与家长的沟通协作，家长不放弃，孩子就会进步。

靳艳霞： 对于高年级的孩子，心理疏导更重要。班主任可以让孩子们寻找榜样，结对子；时时寻找典型，利用班队会逐步树立班风。

孙杨锋： 首先，赞同王老师的观点，要想深入了解孩子，家访是不可或缺的。通过家访了解孩子的成长环境，通过家访了解父母的教育类型，通过家访了解家庭教育的烦恼并提供中肯的建议。其次，发挥长板效应。发现学困生的闪光点并表扬他，同时暗示如果哪一方面再积极些，同学们会更喜欢他。和学困生一起制定触手可及的目标，每天进步一点点，并及时强化。再次，多组织一些拓展活动，增强集体凝聚力。让学生在活动中认识彼此，接受彼此，互帮互助。最后，集体教育个体。用班集体的力量帮助学困生、感化学困生。

邵娟： 我现在带的这个班级就是这样，我采取了以下办法。（1）首要抓学生习惯，带领学生重新制定班规班纪以及奖惩措施。（2）选拔几名优秀学生，培养一支班干部队伍，以少数带动多数，星星之火，可以燎原。（3）小组捆绑制，学生教学生，学生带动学生。（4）借助学校开展的一些活动，充分组织，凝聚班级向心力。（5）多表扬、多鼓励，用放大镜去找孩子的闪光点。

宫雪丽： 作为六年级班主任，我们既要让孩子们平稳度过六年级，还要确保成绩，毕竟毕业班的成绩在一定程度上代表了学校的成绩。第一，从习惯抓起，明确学习意义，激发学习动机。六年级的孩子，能明白事了，给他机会，给他动力，谁不想成为那个优秀的呢？纪律不好的孩子的精力往往比较旺盛，给他安排事情做，既让他体验帮助别人的快乐，也消耗他的精力，让他没时间捣蛋。第二，制订计划，明确目标。那些纪律差的，有脑子捣乱，一定有脑子学习。可能他没有方法，也可能没有目标，好坏无所谓，这就需要老师和家长们教一教、帮一帮。好的开始是成功的一半。第三，建章立制，规范言行。良好的行为习惯不是几次教育、几次活动就搞定的，这是一个反复抓、抓反复的过程。"三分钟热度"一词，经常用在我们对待事情的初始阶段，能否坚持下去，需要制度，需要规则，需要持之以恒。

主持人总结：对于六年级的孩子们来说，这一年至关重要。老师们提到的制定班规，结对帮扶，对于提升孩子们的班级凝聚力和向心力会有很大的帮助。冰冻三尺，非一日之寒，习惯养成必须坚持下去，才能见到效果。同时需要家长、学校、学生三方合力，让学生由被动变主动，逐步提升学习的自律性。

十分感谢大家的分享，受益匪浅，谢谢！

【心理干预——学生常规教育指导案例】

关键在"自"——自主学习，终身受益

（一）活动过程

1. 视频导入（托管的时候，班里的情况 1~2 分钟）

同学们，你们发现了什么？（有的认真写作业，有的玩笔，有的发呆……）

为什么会有这种现象？（管不住自己、时间管理差、拖拉、缺乏自律……）

2. 课前小调查，测测你的自主学习能力

1. 你为何而学习？

A. 为实现自己的理想而学习

B. 因为父母要求而学习

C. 从没考虑过这个问题

2. 没有老师和父母的监督，你是怎样对待学习任务的？

A. 始终能够自觉、高效地完成学习任务

B. 勉强能够完成学习任务，但质量一般，且耗时太长

C. 无法完成所有的学习任务，质量差、有拖拉的现象

3. 完成学习任务后，在自主学习的时间里你通常会干什么？

A. 坚持做到复习和预习，并进行自主的额外阅读、练字等任务

B. 休息，偶尔进行复习和预习

C. 无所事事，从不进行额外学习

公布选项得分：选 A 得 3 分，选 B 得 2 分，选 C 得 0 分。总分得 2~4 分：一般，你的自学能力急需提高，否则你将会被社会淘汰。得 5~6 分：不错，你有较好的自学能力，不断加强自学，你将变得更加优秀。得 7~9 分：真棒，你是一个有很强自学能力的人，继续保持，你将成为一名杰出人才。当然如果得 0 分：危险，你毫无自学能力，你将成为未来社会的文盲！这可不是老师的危言耸听，美国《未来学家》杂志针对知识经济时代的特点斩钉截铁地指出："未来社会的'文盲'，并不是指目不识丁的人，而是指那些不善于掌握学习方法、不会自主学习的人。"由此可见，自主学习的能力很重要。

3. 位置决定视野

看到这幅图，你想到了什么？

位置决定视野，高处有美景。若你是站在那个看不见位置的人，你想去那个可以看见美景的高处吗？怎样才能爬上去呢？

若这是一座书山，我们又可以怎么理解呢？

下面我们就来聊聊如何登顶的问题。

4. 才能源于学习，学而有获

（1）学习是为了什么？

（2）出示三个事例。

① 战国时期，有个著名的政治家叫苏秦。年轻时，他由于学问不多，到很多地方做事都不受重视。回家后，家人也对他很冷淡，瞧不起他，这对他刺激

很大。所以，他下定决心，发愤读书。他常读书到深夜，读书打盹时，就用锥子往自己的大腿上刺一下。这样，他猛然间感到疼痛，使自己清醒，再坚持读书。后来，他成为六国宰相。

②被誉为"杂交水稻之父"的袁隆平，1960 年在一块田里发现一株穗特别大的水稻。第二年，他把这株"鹤立鸡群"的水稻种苗种在试验田里，却失败了，但他没有气馁，而是继续学习、研究、试验。1974 年，他成功培育出第一代杂交水稻，到 1995 年研制成功两系杂交水稻，并当选为中国工程院院士。

③比尔·盖茨 7 岁的时候最喜欢看书，经常连续几小时阅读。11 岁那年，他的数学和科学已经遥遥领先。进入中学后，他学习仍然非常努力，并以优异的成绩进入哈佛大学。一年后，他辍学成立微软公司，并不断努力学习、创新工作。微软成功了，他成了世界首富。现在他专心做慈善，捐钱给那些努力学习、不断创新的人。

（3）大家看完这三个故事，有什么感受？任何才能都源自不断学习。

（4）那么，学习是为了谁呢？怎么证明是为了自己呢？

出示两则材料，检验自己是否学到了很多。（生字、20 以内口算题）

若当时不学这些知识，你现在还会觉得简单吗？

（5）再出示（电路图、股市图），大家看得懂吗？

电路图对电工来说，就像 4+5=9 那样简单，股市图对于一个股民来说，就像我们认识生字那样简单。

学习是为了自己，让自己有能力胜任一个领域的工作，乃至取得辉煌的成就。

5. 坚持学习——恒心 + 毅力

出示故事：毛泽东学习时特意到最喧闹的地方去读书，每天故意让自己坐在闹市口看书，以培养自己看书的静心、恒心，锻炼自己的意志，使自己在学习时心绪不受外界干扰，在任何时间和场所都可以很好地学习。

总结：毅力有多强大，学习能力就有多强大。

6. 自主，自律——关键在"自"

（1）分享同学们收集的关于学习的名言警句。

（2）同学们，本节班会课你有了什么收获？

希望同学们养成良好的学习习惯，成为一个自主学习、终身学习的自律者！

（二）活动反思

学习在于自己，关键在于你学与不学；学习是永无止境的，只要你有较好的自学能力，不断加强自学，你将会变得更加优秀。如果你要想看到更广阔的世界，必须站得高。我们如何才能堆一座书山？只有不断积累学习，才能堆成一座座坚硬的、稳固的书山。如何才算坚持学习呢？依靠我们的恒心和毅力，就像毛主席学习时特意到最喧闹的地方去读书，来培养自己的恒心和毅力。

本节班会课，通过视频引起学生对于学习的关注，明白任何才能的取得都得靠不断学习，而学习是能够成就自我的唯一方式，要想取得最终的成功，还需要恒心和毅力的加持。不足之处是缺少学生之间的互动探讨，形式还需要再丰富一些。

专家点评

现代人最基本的一项技能就是学会学习，并且能终身学习。学习能力在未来是每个人必备的能力，是进入当今社会的一张通行证。对于学生来说，为何学习、如何学习都是困扰他们的疑问。因此需要教会学生学会学习，激发学习动力，使学生能够自觉、主动、不断地总结学习经验，成功完成学习任务，为终身学习奠定基础。

——青岛李沧路小学　王翠洁

班级转变成班集体，你有哪些好办法

青岛西海岸新区崇明岛路小学　孙杨锋

【问题提出】

班级与班集体往往被等同为一个概念，实际上，班级与班集体是有区别的，组成了班级，并不代表就形成了班集体。班级成立初期，学生之间并不熟悉，往往是一个松散的班级群体，而班集体是一个有凝聚力的学生群体，是班级群体发展的高级形式。今天，我们就来畅所欲言，在班级到班集体的转化过程中，你有什么好办法？你是怎样做的？

【问题分析】

班集体不同于班级。班级是校内行政部门依据一定的编班原则把几十个年龄和学龄相当、程度相近的学生编成的正式群体。班集体则是按照班级授课制的培养目标和教育规范组织起来的，以共同学习活动和直接性人际交往为特征的社会心理共同体。学生初入学校，同学们尽管在形式上同属一个班级，实际上都是一个个孤立的个体，学生缺乏向心力、凝聚力和集体荣誉感。班级的组织依赖教师的指挥和行政手段，班级的目的与任务来自教师个体自身的要求。班集体不是自然形成的，任何一个班集体的形成都会经历组建、形成、发展的过程，这实际上也是一个教育培养与社会化的过程。作为班级管理者的我们，如何加速由班级到班集体的转化，这是我们今天研讨的内容。

【问题研讨及解决策略】

主持人： 请老师们结合自己的实践经验，谈谈您的好办法。

韩巍：我认为班级有了凝聚力、向心力，这是班级转化为班集体的重要标志之一。所以，在建立班集体时，班训、班规、班级目标的建立是必要的。另外，孩子们在积极向上的集体活动中学会交流合作，也有助于增强班级的凝聚力，使班集体逐渐形成。

徐雅茜：班级是一群学生被安排到一个教室里，每天一起学习、生活，但是班集体，正如前面韩老师所说，是这群学生有了凝聚力、向心力，会为一个共同的目标，为班级更加优秀而努力。我认为要想更好、更快地将班级转化为班集体，充分利用好"活动"非常重要。学校组织的大型活动，如运动会、春秋游、庆六一、庆元旦等活动，以及班级开展的社会实践活动，甚至是学校每周一的纪律卫生评比活动，等等。如果开展利用好，事前事后铺垫好、总结好，都会起到事半功倍的效果。

孙杨锋：韩老师提到的班级文化和集体活动，徐老师说的班级活动和我的观点不谋而合。（1）用心建设班级文化。班级文化是班级独有的精神体现。班级文化有老师和学生的使命、愿景、价值观，有班级的独特命名；有班徽、班歌、班诗、班训、班级承诺（誓约）等，是一个完整的体系。我们要和孩子们一起构建本班特有的班级文化。（2）让学生有归属感。班级既要组建负责任的班委，又要设立班级自主管理岗，让学生参与到班级管理中，在管理中认识到自己是班级的一分子。（3）集体教育和个别教育相结合。在班级到班集体的转变过程中，就共性问题借助主题班会，以小故事大道理的形式进行集体教育。个别问题私下进行个别教育。（4）多组织有意义的班级活动。学生在活动中增进对彼此的认识，增进彼此的感情，增强集体的凝聚力。

崔艳：前一阵儿参加了一个班主任培训活动，第一天就是拓展训练。通过一个简单的活动，瞬间就让一群不相识的人因为一个共同目标凝聚到一起，劲往一处使。所以，我十分赞成通过班级活动来增强班集体的凝聚力、向心力。

邵娟：（1）班主任要带领学生一起确立班集体的奋斗目标，班集体如果没有共同追求的奋斗目标，就会失去前进的动力。（2）班级管理要制度化、民主化、细致化，让学生参与管理，充分调动全班每个同学的积极性，形成民主管理的氛围。（3）发挥班委会的核心力量，大胆选拔任用优秀的学生。（4）开展各种有意义的活动，积极组织、参与学校各项有意义的活动，在活动中增强班级的凝聚力。

靳艳霞： 团建活动不仅在学生之间进行，还可以让家长们参与进来，给新班级的家长一起搞个团建活动，可以让每个家庭都有一种归属感，在言传身教中引导孩子热爱班集体。

参加过几次团建活动，真心感觉不错，但每次活动都是专业的心理老师来带领。所以，班主任学一些实操性比较强的团建心理活动技能非常有必要。

王慧： 非常赞同以上老师的观点，将班级转变成班集体必须有一个合理的目标，目标的设立要根据班级的具体情况而定。目标的制定让学生们的一颗颗心聚在一起，大家想集体所想、急集体所急，团结奋斗，不断进取。而每一个目标的实现都会使学生们产生自信心，产生成就感，产生凝聚力，激发他们朝着更高的目标前进。"没有规矩，不成方圆"。在班级管理中，班主任要制定合理可行的班规，引导和规范班级成员的日常道德与行为习惯。在班级管理中，一个好的班级规章制度可以帮助学生形成规则意识、公平意识、平等意识等。也就是说，制度不仅是对学生进行约束、控制的工具，还应具有教育功能。班规的制定要在广泛征集的基础上产生，要让学生明白每条规定的依据和好处，以理服人，以情感人，奖惩分明。

宫雪丽： 班主任是班集体的引领者和塑造者，而班级文化是班集体的精神导向。本学期，我最大的成就就是和学生、家长们一起打造了班级"jing文化"，围绕班级文化，从礼仪、学习、纪律、体育、卫生、"两操"、集会、午餐等方面提出了"敬、竞、静、净、警、径、睛、境、景、精"十字目标，并由此提出了班级愿景：敬能生德，竞能生优，警能生智，静能生才，睛能生慧，径能生敏，净能生美，境能生悟，精能生益，众生皆景。围绕班级文化，我将班级管理放手给中队委，每名中队委每天需要对所负责的工作进行一两句评价，表现好的加分、不好的扣分，形成班级学生自主管理的局面。在这个过程中，我会经常针对问题开个中队委会，指导他们工作，进行简单点评。目前，中队委的每周例会已由中队长接手。有了班级文化引领，自下而上形成了共同愿景，无论是学生、老师还是家长，似乎都有了主心骨，都不那么累了，也都自觉自愿地去完成相应的任务，所以，良好的班集体也就初步形成了。

目前，我们的班训、班歌、班徽也已形成，班风、学风等还需提炼，所以，良好的班集体不是一朝一夕可以形成的，需要我们不断思考，不断改进，不断进步。

孙杨锋：嗯，宫老师用心构建了班级文化，真正做到了文化育人。

主持人总结：老师们，通过今晚的交流，我们认识到：班主任要用心构建班级文化，统一思想，凝聚共识，用文化育人；要群策群力，适当放手，让孩子充分参与到班级管理中；要善于发现孩子的闪光点，不断激励，让每个孩子都体验到成功；要用心组织班级活动，做好活动总结，增强集体凝聚力；要亦师亦友，同甘共苦，赢就一起狂，输就一起扛。当每个人都从内心认同班级是我家，关心爱护靠大家；当每个人都认识到我是班级一分子，班级有我更精彩时，一个强大的班集体就应运而生了。

【心理干预——主题班会案例】

班级有我更精彩

（一）教学目标

找出班级目前凝聚力不足的具体表现，感悟到要想让班级变得更好，大家要心往一处想、劲往一处使。

（二）教学准备

动画片《三个和尚》。

（三）教学过程

第一环节：观看视频，初步感受

观看动画片：《三个和尚》。

第二环节：分组研讨，引出课题

提问：看完这个故事，大家有什么感想？请同学们以小组为单位讨论一下。

通过学生的交流，让学生意识到班级好比故事中的寺庙，自己好比故事中的和尚，要想让班级变得更好就必须心往一处想、劲往一处使，从而引出本节课的课题——班级有我更精彩。

第三环节：分析凝聚力不足的具体表现

讨论：请同学们说说你认为我们班级哪些地方存在凝聚力不足的问题。

预设1：值日生因病缺课，其他同学都觉得事不关己，没人主动去帮着擦黑板，老师来了后只能自己擦黑板。

预设2：自习时间，乱说话的总是那几个人。

预设3：作业丢三落四，不完成作业的也总是那么几个人。

预设4：有些同学课间光顾着玩，非得等到预备铃响了才急急忙忙地去上厕所，惹老师生气。

第四环节：集思广益，寻找措施

讨论：你觉得有哪些措施可以改善同学之间的关系，提高班集体的凝聚力？

预设：同学之间互帮互助，树立共同的奋斗目标，养成良好的学习习惯，适当多组织一些集体活动等。

第五环节：发出号召

同学们，班级是我们在学校的家，关心爱护靠大家。只要我们每个人都为班级贡献自己的一分力量，我们的班级就会越来越好！让我们一起为更好的班级而努力吧！

（四）活动反思

"一根筷子轻轻被折断，十双筷子牢牢抱成团。"一个班级只有具备了强大的凝聚力，才能称得上是班集体。通过今天的主题班会，孩子们剖析了班级存在的问题，探讨了解决方案。相信日后只要大家齐心协力，我们的班级就会越来越好！

◀ **专家点评**

建立良好班集体，教师要改变评价体系。我在班里设计了多维度的成功激励计划，如"追星"计划，让爱学习的、守纪律的、进步快的、爱劳动的、助人为乐的、有体育特长的学生都拥有成功的机会。同时，我班还设置了阅读小能手、"两操"小能手、演讲小能手等评价制度，让每个学生在班级中都拥有成功的机会，让成功的暗示伴随他们的成长。造星不是批发帽子，而是赠送自信。随时可见的"明星"让我们的集体熠熠生辉。

——青岛李沧路小学 王翠洁

给心灵一片晴空

青岛唐山路小学　靳艳霞

【问题提出】

5月25日是全国大学生心理健康日，简称"525"，谐音是"我爱我"，意味着关爱自我，体验更多快乐感觉。随着心理健康教育的普及，很多中小学也将5月定为自己学校的心理健康活动月，5月25日为心理健康活动日。经历了新冠疫情的洗礼之后，家长和孩子都不同程度地出现了一些心理问题亟须解决。但是活动怎么搞才具有时效性，既符合本年龄段孩子的需求，又能够真正起到引导作用，是摆在每个非心理专业班主任面前的一个崭新课题。

【问题分析】

重视心理素质的培养是适应现代社会发展的需要，也是适应青少年自身发展的需要。心理健康与身体健康相互影响、相互制约，要想让学生身心健康发展必须从小重视心理健康教育。心理建设预防大于治疗，家长和老师要从生活细节入手，时刻关注孩子情绪的发展，教给孩子合理控制自我情绪的方式，相信健康的心理一定会在今后的人生发展之中起到关键性的作用。

【问题研讨及解决策略】

一年一度的心理活动月开始了，大家所在学校搞活动了吗？自己所教班级搞了什么样的活动？效果如何呢？希望在大家的交流中，我们相互学习借鉴，让学生能够身心健康地投入学习生活。

靳艳霞：每年的"525"心理健康活动日，我们学校都会开展一系列心理健康活动，内容涵盖学生、家长、教师、员工等各类人群。今年我们二年级家校携手共同完成。首先班主任下发了心理学读物《我变成一只喷火龙了》电子绘本及指导语，家长与孩子一起进行亲子共读，初步感受"生气"的情绪。通过"看一看"别人眼中生气的样子；亲子"说一说"自己生气时是怎么发泄情绪的，感受生气的表现；用画笔"画一画"自己的情绪彩虹；最后"悟一悟"可以用什么样的方法来释放负面情绪，让自己变得开心。学生回到学校，利用班队会的形式交流自己的所感所悟。大家在感受和体验的过程中学会遇到事情不要变成会喷火的"喷火龙"。

韩巍：我们学校最近也进行了"阳光心灵，拥抱成长"心理健康月活动。针对每个年级的特点开展了不同的活动。其中，比较有特色的是四年级的"成长十年"活动，这个活动我们学校每年都要进行。10岁是孩子们成长过程中的一个重要站点。在活动中，学生们纷纷发表自己的成长感言并许下了对未来十年美好的祝愿，家长代表分享抚育孩子成长过程中的感悟，并送上了美好的祝福。活动中孩子们学会了感恩父母，也使亲子关系更加和谐。

宫雪丽：近期，我发现孩子们比较浮躁，小矛盾、小摩擦不断，归根结底在于这些孩子沟通不到位，不会和同学相处。因此，结合这方面的问题，我组织了"同学相处办法多"的主题班会，抛出四个问题。（1）同学间矛盾的根源在哪里？（2）同学们和谐相处有哪些小妙招？（3）好朋友因某事伤心了，你如何安慰他？（4）小组内有同学表现不好，总给小组扣分，你们会怎么办？结合这四个问题，孩子们分小组讨论，分享内心想法，寻求解决策略，教师点拨指导。孩子们敞开心扉，各抒己见，他们的正确意见比老师说多少遍都管用。

孙杨锋：手机成瘾是高年级绕不开的话题，为帮助学生正确处理学习与游戏之间的关系，我校于5月12日邀请区心理健康服务协会的祝晓老师进校园，为我校六年级学生进行专题心理讲座。通过本次讲座，孩子们认识到了沉迷手机的危害，了解了该如何用游戏的心态玩转学习。此外，为了帮助孩子们做情绪的主人，我校还组织学生在心理健康教育课上集体学习了青岛平安路第二小学袁凤老师的"你好！情绪君"一课。通过此课，孩子们认识了什么是情绪，五大情绪有哪些，怎样识别别人的情绪，怎么积极应对不良情绪。

宫雪丽：疫情过后，孩子们的心理问题非常严重，家长们的问题也很多，非常需要丰富的活动来减压、来纾解。

邵娟：我们学校周一中午 12:40 组织学生观看了视频《你好！情绪君》，学生观看后写了学习收获，并在班里进行了交流。周二中午 12:40 召开了"生命的旋律"主题班会，通过观看《头脑特工队》，让孩子接纳生命中遇到的事情，理解它们对于生命的意义并能接纳负面情绪。然后学校通过拓展延伸活动，引导学生面对挫折和困难说些什么，对负面情绪说些什么，学会致谢。

王翠洁：对于孩子在学校出现的问题，如不自信、对任何事情都不感兴趣等问题，我会邀请家长一起坐下，面对面沟通，在了解孩子在家的表现后，与家长真诚细致地分析问题根源，携手帮助孩子加以改进。对于这个阶段出现的共性问题，我会在班级召开班会，由班委主持，从同龄人角度进行分析，加以引领。

主持人总结：感谢老师们的参与，希望大家将资源及时收集，便于以后班级管理中随时可以有的放矢地使用，最大限度地帮助孩子或者家长！

【心理干预——主题班会案例】

做情绪的主人

（一）教学目标

了解自己的烦恼，学会正确调节自己的情绪，做情绪的主人。

（二）教学方法

破冰—感受—应对—体验—分享。

（三）体验

营造体验场，发生生命感动，感悟性表达。

（四）教学过程

1. 课题引入

（1）提前准备绘本《我变成一只喷火龙了》，初步了解绘本内容。

①看看封面都画了什么？

②猜一猜：这个故事可能讲了什么？

③故事已经读完了，我们一起谈谈感受吧！

A. 你觉得这是一只怎样的喷火龙？

B. 生活中你有没有因为一件小事而生气？你生气时是怎样发泄情绪的？

C. 我们以后可以用什么样的方法来释放负面情绪？

（2）小组间交流自己家庭共读绘本的过程及感受。

（3）师生共同阅读《我变成一只喷火龙了》，感受"生气"的情绪。

2. 看一看

同学之间演一演绘本中各个角色生气的样子，让对方去观察，谈一谈自己看到对方生气时的感受。

3. 说一说

绘本中阿古力是怎么发泄情绪的？感受"生气"的表现。

4. 画一画

下发"525心理健康日——情绪彩虹我来绘"，伴随着柔柔的声音，孩子们动笔画一画自己的情绪，进一步认识由不会控制情绪到自如支配自己情绪的阿古力，然后写一写本节课的感受，明确平日生活学习中可以用什么样的方法来释放负面情绪。

5. 交流展示

小组交流自己的情绪彩虹内涵，在碰撞中学会遇到事情不要变成会喷火的"喷火龙"。

教师总结：通过今天的活动，老师看到无论是家长还是同学，都积极地行动起来，有的不仅看绘本、交流绘本，联系实际说情绪、画情绪，还有很多家长和同学行动起来，将坏情绪进行了转移，发泄出来。相信大家都已经认识到了发泄情绪也是一种力量，期待今后同学们无论是与家长相处，还是与学校的师生相处，都能做一个能量满满的小太阳，发光发热，给彼此的生活带去光彩，给心灵一片晴空！

（五）活动反思

今年的"525"心理健康活动日，我根据学校计划带领学生和家长开展了一场家校携手的心理活动，以绘本《我变成一只喷火龙了》为载体，与家长携手共同为学生培植了一片心灵成长的肥沃土壤。

（1）课题引入环节引导家长和孩子通过画面与文字了解这本书的主要内容。然后联系自己的生活，回忆自己和家人的负面情绪。在此基础上再次阅读绘本，深入感受绘本内涵。

（2）"看一看"环节将孩子带入情境，让他们身临其境地感受父母和孩子受负面情绪影响失控后的场面，为他们今后更好地掌控情绪奠定基础。

（3）"说一说"环节通过聊天的形式，将书中的不良情绪表达出来，情绪经过转述负面影响的威力减半，于润物细无声中让孩子们学会处理情绪的第一种方式：表达。

（4）用"画一画"的方式感受情绪的变化，让孩子们在轻松的方式中找到处理情绪的第二种方式：绘画。

（5）交流展示环节是这次活动的升华，孩子们在交流中发现情绪是一种能量，可以通过动起来、说出来、画下来、写出来进行接纳、转移，从而学会了更好地与情绪共处。

专家点评

本次心理活动让我们更加清晰地感受到家长是提升幸福指数的同盟军。平日活动如此，心理建设方面更是如此。因为人生幸福应是从幼年到老年整个一生的幸福。在学校，我们应关注学生的幸福；孩子回到家后，家长也需要具备让孩子幸福的能力。因此，教师有义务让家长拥有这个能力，这就需要教师、家长齐心协力共同成长，因为学生幸福，家长和老师也就幸福。

——青岛李沧路小学 王翠洁

作为班主任，你如何提升职业幸福感

青岛李沧路小学　徐雅茜

【问题提出】

"缺乏幸福感""不愿意当班主任"的统计数字在很多地方接近八成。那么，我们作为班主任，如何提升职业幸福感呢？

【问题分析】

班主任责任大、工作细，学校内外只要与学生有关的大大小小的事情，几乎都要靠班主任来解决，因此有人用"上面千条线，下面一根针"来形容。作为学校里最小的"官"、最重要的角色，我们班主任该怎样调动起自己工作的积极性，提升幸福感？这个问题值得大家思考。

【问题研讨及解决策略】

王慧：培根曾说，当你遇到挫折而感到愤怒抑郁时，向知心朋友的一席倾诉，可以使你得到疏导。教师应乐于与人交往，广交朋友，这样在郁闷沮丧时，就可向朋友倾诉并寻求支持，及时释压，避免职业倦怠产生。另外，教师还可以多做有氧运动。每周三次有氧运动能改善情绪，缓解压力。这是因为它刺激身体释放内啡肽，内啡肽是你体内令你感觉良好的荷尔蒙。许多种类的运动都是有氧运动，如散步、跑步、游泳和骑自行车等。教师还应培养广泛的兴趣，包括下棋、打牌、绘画、钓鱼等，多参加各种业余活动，做到劳逸结合，放松自己，增强自己的心理承受能力和耐压能力。当发生职业倦怠时，教师可以尝试做自己感兴趣的事，这样既可以缓解压力，又发展了自己的兴趣爱好，可谓一举两得。

孙杨锋：首先，调整自己的心态。凡事多一些宽松，少一些较真。多看孩子的闪光点，多看事物的积极面。其次，提升自己的能力。多一些课余学习，少一些惰性。当自己能游刃有余地与学困生切磋时，"内伤"自然得以降低。最后，尝试运动疗法。跑步、游泳，多一些有氧运动，少一些宅在家里。

徐雅茜：记得初当班主任的时候，真是把我压得喘不过气来，既想把学校安排的任务完成好，又想把家长工作做好，最重要的是要把孩子们教育好。但是时间只有那么多，那时只知道靠自己，所以经常很疲惫，经常像狗熊掰玉米一样，这也做不好，那也干不成。慢慢地，一边工作着一边摸索着一边总结着，我也有了自己的一些心得：首先，要摆正心态，我只是一个再普通不过的常人，不是超人，所以不能给自己太多压力和要求。其次，要综合多方面力量，整合资源，众人拾柴火焰高，这样既能做得快，也能做得好。最后，要学会主动发现工作中的美好与喜悦，如有的孩子虽然学习成绩不理想，但是他乐于助人，那我就让他发挥长处，多为班级做事情，这样孩子也开心，我也高兴，何乐而不为？有的时候忙里偷闲听个音乐，看会儿闲书，放松一下心情；有的时候和好友们晚上聚个会，约个饭，逛个街。这样不仅吃饭的时候开心，因为有了期待，所以一天都是好心情。

宫雪丽：雅茜说得真好！每一个孩子都是我们的期待，有了这一份份期待，天天都会有好心情。我今天下午处理了一起打架事件。两个孩子叙述事情经过的时候，都在强调自己的理由。因为要放学，我就跟他俩说，你们先互相分析一下事情发生时自己的问题，我送完路队回来，你们再跟我说。回来以后，两个人都找到了自己的问题，并且互相道歉了。所以，我想我们当班主任的每天处理矛盾纠纷，也是一项很大的压力，处理不好，家长们还不高兴。当孩子自己认识到问题了，他们看问题的角度就不一样了，自己心里不委屈了，自然也没有意见了。班主任也不用为此生气了，毕竟"人非圣贤，孰能无过"。

孙悦：首先，要调整心态。心态是最根本的，凡事不能太较真，要学会正视并梳理自己内心的情绪，找到产生负面情绪的原因并用理性去解决问题，尽量做到不是重要的事情，都一笑而过。其次，要有自己的爱好，不论是手工、音乐之类的雅事，还是吃喝玩乐这种俗事都可，只有找到自己真心喜欢的，才能作为心灵港湾，帮助自己转移注意力、释放压力。之前我看过一个研究，一个人会的无用技能（无法从中获取利益的技能）越多幸福感越高，其实在教师身上也是成立的。如果有比较强的社交需求的话，那么我们可以多找三五好友不时聊天倾诉，像我社交需求就比较低，喜欢宅在家里，那么养一只宠物或一些植物作为精神伴侣也是可以的，前提是不要耗费太多心力，适当的、有回报的忙碌能让人格外有满足感。如果事业心比较强，则可以开展研究性活动，针对教育中遇到的现象展开研究，以不同的角度、不同的眼光去看，反而会有另一种感觉。

韩巍： 现在真是感觉作为一名教师，来自社会各个方面的压力越来越大，各种工作也变得越来越繁杂琐碎。但是，当我们尽心尽力地上好每一节课，当学生在我们的引导下阳光、快乐、幸福地成长时，便会感觉自己所有的付出都是值得的，从而感受到收获的幸福与满足！当然过程中不乏来自压力的苦闷，来自他人不解时的无奈，来自挫折的抑郁……所以我们要学会在过程中不断调节自己，感悟过程中的点点滴滴，不断积累反思。这样既可以起到调节的作用，又可以积累经验，为我们的职业生涯留下成长的痕迹。

靳艳霞： 作为低年级的班主任，我认为做好以下几点，我们的工作就可以事半功倍，让自己的幸福感在各个细节中得以升华。第一，做好家校沟通，形成教育合力，保证家校共育。因为低年级孩子年龄小，自制力、自控力都与孩子生活中的习惯息息相关，家校共育能让孩子尽快适应集体生活。第二，作为班主任，我们要根据学情合理设置班级目标。低年级重在养成良好行为习惯，习惯培养好了，成绩自然不会太差。我们如果仅仅盯着成绩，不从根源上查找原因，就容易急躁，形成恶性循环。第三，条件允许的时候，多举办班级活动，让孩子们在活动中提升班级凝聚力，培养班干部能力，多方面解放班主任。第四，作为班主任，我们要多涉猎各方面书籍，了解各个层次家庭现状，从而体谅他们的言行举止，让自己明确教育界限，让各个层次家长感受到班主任的工作能力。

徐雅茜： 多举办班级活动，多带孩子们来点不一样的体验，其实不光孩子收获良多，对于我们来说也是一种调节。例如，我今天带孩子们玩雪，不光他们开心，我也觉得更年轻了。

邵娟： 首先，班主任的幸福感来自学生的成长和进步。班主任付出了很多，但同样也会收获更多。比如，在我和家长的努力下，我们班有一个孩子走出了青春叛逆期，还有一个比较内向的孩子变得开朗了很多，每每想到这些孩子的点滴进步，我就会不自觉地感受到幸福。所以，我们要善于发现孩子身上的闪光点，肯定孩子的点滴进步。其次，班主任的幸福感来自自身的专业成长。这种专业的成长不仅是专业知识的成长，还包括专业精神、专业修养、专业知识和专业技能等方面。所以，班主任要在各种比赛中锤炼自己、提升自己。最后，班主任的幸福感来自自身平和的心态。幸福总是相对的，不同的期待、不同的标准会有完全不同的幸福感受。教师要以平和的心态面对教学的压力。教师的工作千头万绪，繁重琐碎，拥有了平和的心态，可以把压力转化成动力。如果教师没有一个平和的心态，那将会心理不平衡，而无心于教育教学工作。

崔艳： 我觉得咱们班主任是很容易满足的人，上一秒还会因为学生的淘气而"火冒三丈"，下一秒就会因为学生的一个贴心举动或者点滴进步而充满能量。特别是偶遇之前教过的孩子，他们的一句问候、一张热情洋溢的笑脸，就会让我们觉得选择这份事业——值得！再就是一定要有自己的爱好，当心情"低气压"时，去做自己喜欢的事情，慢慢就会治愈我们暂时的"忧郁"，重拾"战斗"的信心！

李萌： 这个话题真是太好了！在敲键盘的时候我就在想，每天快快乐乐的，何乐而不为呢？我现在这个班自己带了六年，见证了这批孩子从小豆丁长成大小伙（大姑娘），这本身就是一种独有的幸福感！在日常生活中，我特别重视业余生活的积累，爬山、瑜伽、绘画、练毛笔字……都可以让性子慢下来，久而久之，在工作中也会慢慢等待学生的成长。其实，当班主任还是幸福感高于职业压力的。

班主任工作虽然最辛苦，但成就感是最大的，也是孩子们心中最爱的、记忆最深刻的老师。所以，想想这些，一切付出也就值得了。我们既要学会通过各种方式自我解压，也要学会将压力转化为动力。

【心理干预——给老师们的一点建议】

遇见更好的自己——做一名幸福的班主任

我始终认为，作为一名班主任，我们不仅要坚持立德树人、全面育人，还要满足学生教育成长的需求，更要关注他们个性化的终身发展，给予每个孩子最合适的教育。我把"遇见更好的自己"作为班级的育人理念，从多个方面，努力挖掘每个孩子身上的闪光点，让他们每一天都有进步和成就感，提高自信心，发现那个更优秀的自己。

我们班的班名叫"鲲鹏班"，寓意"鲲鹏展翅凌万里，策马扬鞭自奋蹄"，旨在引导孩子们要像鲲鹏一样志存高远，厚积薄发，一飞冲天，拼搏进取，要在生活中尽情翱翔，遇见更好的自己。

（一）言传身教，从我做起

每一天，从进入校门的那一刻起，我的腰板就会比在校外挺得更直；从进入课堂的那一刻起，我就会井井有条地布置好早自习的事情，然后安安静静地批改作业，处理班级事务；从开始上课的那一刻起，我就会跟着孩子们一起认真倾听别人的回答，哪怕是读课文，我也会跟着一起读。所做的这一切，就是我始终认为，在学校里，我就是他们最好的榜样，我的一言一行都会让他们模仿，我甚至容不得自己有一点小小瑕疵，有时说错一句话，或者是结巴了，课后我都会反思。

（二）文化建设，促进成长

从一年级起，我就在班里搭建起了一个"自信台"。所谓"自信台"就是一个演讲台，我特意贴上"自信台"三个字，每一天的领读员、每一日的故事分享、每一周的好文推荐等，都会让孩子们到这里进行展示。我努力为孩子们搭建具有仪式感的教室，让他们每一次上台都充满信心，每一次下台都更有自信。

在当下这个快节奏的社会，我选择用"小纸条"这样一种最朴实无华的方式，每周给每一个孩子写一张小纸条，里面有这一周他们都有哪些闪光点、还需要改进的地方以及我的"悄悄话"，每次看到他们用期待的眼神看着我，小心翼翼地拆开纸条，细细品读的样子，我的内心倍感欣慰，再多辛苦也觉得值得。

每个月我都会给孩子们过生日，虽然家里的生日已经够隆重了，但是我觉得学校同学、老师在一起的生日一定更有意义。我会提前布置场地，设计他们喜欢的游戏，准备生日蛋糕，手工制作"刮刮乐"，里面都是他们喜欢的小零食、文具、免写作业卡等，每一次孩子们别提多开心了。

（三）尊重差异，遇见更好的自己

我总是告诉学生，可以和别人比，但是你更要学会和自己比，因为这样你更能直观地做出比较，更能找到自信，哪怕是进步一点点，也是一种成就，老师同样会表扬你。

（1）因集体而得到表扬。

校运动会、合唱比赛、路队比赛、仰卧起坐比赛等，这些都是集体性的比赛，我前期会做大量铺垫，组织学生为班集体努力奋斗。我把全班分成11个小组，每组4人，每组一个积分牌，每天围绕作业、听讲、活动、纪律、发言等方向进行加减分，每周五评选"最佳小组""最佳组员"，颁发"蒙养书签"以及我精心准备的小奖品，我争取让每周的奖品都不同，让他们有所期待，让他们因集体而骄傲、而幸福。

（2）因进步而得到表扬。

我告诉我们班的孩子，不要去跟别人比，你只要超过今天的自己就行了。而且，不要对自己要求每个方面都进步，你这个星期设定一个目标，努力去实现，或是你一个月设定一个目标，哪怕一学期只要求自己进步一方面，那么几年累积下来，你也有好几个进步了。

在关注每个学生的过程中，只要教师拥有一双慧眼，就会发现每个学生身上的闪光点，如果继而把这个闪光点放大，那么教师就会给学生期待，给学生自信，学生感受到了教师的关心和认可，也必然会成为一个意想不到的自己。

（四）关注差异，因材施教

在学校教育当中，教师不仅肩负着传道授业解惑的使命，更应该是学生心灵上的依赖者与指导者，是他们生活中的倾听者。作为教师，我们应该关注每个学生，因为每个学生都期待教师喊出"我需要你"，每个学生都期待得到教师的爱与关注。

我们班成绩最弱的孩子，弱的根本不在于智力，而是家长所谓的"快乐教育""散养放养"。多次沟通无效后，我决定靠自己！我给他安排优秀的同桌，一方面起到榜样示范作用，另一方面可以耐心辅导他。我经常给他开设"特殊通道"，我会偷偷告诉他，只要你达到老师的一个小小的目标，我就会有额外的奖励！毕竟是个小孩子，他会因此充满动力，第二天昂首挺胸地来找我，给我看他认真完成的作业，虽然和其他孩子依然差距很大，但是对于他来说，已经是莫大的进步了。因此，要做一名优秀的老师，我们的眼睛里必须住着所有的学生，关注每个学生，因生制宜，采取不同的策略，用"情人眼里出西施"的想法去期待每一个学生取得进步和成功。

（五）特色和成效

在我真正作为班主任带过的班级中，最大的今年参加中考，虽然时隔许久，但是我们还是保持着联系，和家长们也成了好朋友，朋友圈的嘘寒问暖、开玩笑的逗乐，已经成为我们之间的常态。我所带过的班级，成绩几乎年年级部名列前茅。我的学生们也在市区校级比赛中取得了优异成绩。因为带班有方，2020年我有幸加入了"青岛市宫雪丽名班主任工作室"，成为其中一员，向各位前辈取经讨教。我12年来的辛勤工作，终于结出了令人满意的果实：2021年荣获李沧区"爱校如家"优秀教师；2021年参与市级课题"心理干预在小学班级管理中的策略研究"；所带班级在2017年向儿童福利院捐赠物品，获得捐赠证书；2022年带领班级参加晓慧馨雨公益活动，获得"学雷锋助残优秀班集体"称号。

爱孩子就像是从心底里开出的花儿，只要你付出细心、耐心、爱心，再具有一颗童心，这朵花就会向阳而生，绚丽多彩。我愿陪伴我身边的每一个孩子，与他们一起共同成长——遇见更好的自己！

班主任如何帮助学生走出叛逆期

青岛市崂山区汉河小学　邵娟

【问题提出】

随着学生年龄的增长，部分学生进入了青春期。处于青春期的学生通常会受到学业、人际关系以及生长发育等因素的影响，可能会导致逆反心理、抑郁或焦虑、人际关系较差、学业压力较大等心理症状。部分学生表现为易激惹、情绪较不稳定，可能因为较小的事情便与人发生冲突，还可能表现为厌学、无法较好控制自身情绪等，并且独立意识逐渐增强，不希望家长进行过多管束，也不希望家长强制要求自己接受他们所谓好的观念。家有青春期的孩子：叛逆、脾气暴躁、没法沟通、不服管教、厌学、旷课、跟家长（老师）对着干、成绩下滑，很多家长和老师面对这种情况焦头烂额。

【问题分析】

青春期孩子的叛逆行为主要有三种类型：暴躁型——对父母、老师的要求强烈反抗，经常跟父母吵架或发脾气，有时跟父母冷战；沉默型——不愿跟大人沟通，对事情漠不关心，对父母的话没有反应，不喜欢跟老师接触；阳奉阴违型——当着大人的面赞成大人的要求，但是自己的行为表现却相反，父母说什么都表面答应，但是依旧我行我素。

青春期叛逆大部分都与机体内分泌有关，因而出现青春期躁动的情况。青春期叛逆各种表现不一样，有的是烦躁，有的是因为自己的认知问题和对事件的认识问题，还涉及家庭教育问题、社会问题。另外，家长有父权行为、过于强制，和孩子沟通不多，主要存在沟通问题，有的家长对孩子不能理解。所以，孩子会产生逆反心理，让孩子往东，他偏要往西。这种情况大部分属于沟通不好，可能与家长对孩子过于溺爱，或者家长过于严厉、教育方式错误等有关。

【问题研讨及解决策略】

主持人：我们班有一个女孩特别内向，平时在班里就是个乖乖女，成绩也很好。但在家里的表现却截然相反：一进家门就披头散发，有时候头发都掉到菜汤里了；体重只有 80 斤，还整天减肥不吃饭；每个周四写作业到凌晨一两点（作业一点也不多），父母怎么说她都不听，说轻了不理，说重了就和父母顶撞。父母感到精疲力竭，不愿再管孩子。作为班主任，对于这种情况该怎么处理？请老师们结合班级管理中的具体案例，谈谈自己是如何帮助学生走出叛逆期的。

孙杨锋：我觉得得和学生家长及学生本人进一步深入沟通，以便了解原因，然后制定矫正措施，和家长一起破解孩子的心理障碍。如效果仍不明显，则可向专业的心理医生求助。

王翠洁：遇到处在这种状态的孩子，我认为最好的途径就是引导父母用耐心＋爱心，开启孩子对他们的尊重与信任。父母通过日常小事去关注孩子的表现，赏识与批评交叉进行。同时，建议父母加强与老师的沟通，借助学校班级这个平台，引导孩子无论在哪儿都应该尊重长辈，克服以自我为中心，用最好的自己要求自己成长。

靳艳霞：首先，班主任要和学生进行深入沟通，走进孩子的内心世界，了解真实原因。其次，和家长进行有效沟通，让家长认识到家庭教育存在的问题。但是问题不可能一两次或短时间内解决，需要做好持久战准备。在这期间，班主任可以分别向家长、学生推荐相关书籍，在潜移默化中让孩子和家长找到解决问题的方式方法；在学校，教师帮助孩子找到自己的闪光点，并助力孩子自我发展。

李萌：无独有偶，我们班前几天也有个家长（孩子爸爸）联系过我，请求我帮忙。遇到这种孩子，首先，我们就要和家长一同了解孩子出现问题的原因，对症才能下药。其次，在家中多进行小会议，多倾听，把话敞开说。再次，孩子每个阶段都会有不同的表现，家长也要学会"应战"，教育方法不能一成不变，纯靠武力是解决不了问题的。最后，孩子的教育不是一朝一夕就能完成的，要长远考虑。另外，家长还可以借助《父母课堂》这本杂志，向优秀的家长取经，多参加亲子活动，增加与孩子接触的机会，真正走进孩子的心里。

宫雪丽：案例中提到的小女孩是典型的"双重性格"。其实，这种"双重性格"也挺常见的。有些孩子，在严厉的爸爸面前从来不敢任性妄为，而在慈祥的母亲面前就经常无理取闹；有些孩子，在学校是老师眼中的乖乖学生，可是回到家却变成了"混世魔王"；有些孩子，在家里非常开朗多话，可是在外面就变得沉默寡言……那么，对于"双重性格"的孩子，我觉得可以从以下三个方面来做。首先，教育孩子的两代人要好好沟通，统一教育标准。孩子都是非常单纯而直接的，他们希望自己能讨好身边所有的人。对于一些看似有"双重性格"的孩子，其实他们只是为了讨好性格有所差异的两个人所做出的表现而已。对于孩子而言，他们没有太多的是非观念，他们的出发点全是依据家里成年人的标准，所以只有统一教育标准，才是避免孩子形成"双重性格"的有效方法。其次，教育孩子要客观，孩子做对了称赞，做错了批评，绝无例外。家长一定要有自己的原则，要就事论事，绝不能让孩子左右自己。最后，孩子还是尽量由爸爸妈妈带，避免隔代教育。隔代教育在教育观念与手法上必然会存在差异。这种差异往往就是造成孩子"双重性格"的根源。孩子的"双重性格"其实是教育上的一种缺陷，而并非孩子本身的问题。

韩巍：随着孩子年龄的增长，根据不同年龄阶段孩子的身心特点，他们的心理会产生很大的变化，如果没有及时对其进行适当引导，孩子很容易产生心理障碍，尤其在一些非正常的外界因素的影响下，往往会激发他们潜意识的反抗，刺激他们对外界采取抗拒行为，进而形成逆反心理。内向的孩子相对来说与别人的沟通互动会少些，加之父母不适当的管教啰唆，更会刺激孩子，使其产生不良情绪。所以，我觉得老师在学校的各项活动中，可以给性格内向的孩子多一些展示的机会，同时在班级管理中多让这些孩子承担一些力所能及的事情，让他们在活动中找到抒发内心的渠道，找到可以畅所欲言的伙伴，同时要及时与家长沟通，让家长注意与孩子沟通的方式方法。

主持人总结：青春叛逆期并不可怕，处理好了对于他们来说是一段收获成长的经历。（1）班主任首先要与家长沟通，做好家长的思想工作，让家长尝试改变教育的方式。（2）家长要以身作则，教育孩子要客观，孩子做对了称赞，做错了批评，绝无例外。（3）班主任要多和学生沟通交流，这个时候的孩子想法独特，要真正了解他，走进他的内心，才能对他进行很好的教育。（4）在班级里，班主任可多给这样的学生一些展示的机会，鼓励他，帮助他树立自信心。（5）必要时家长可以求助心理医生，针对孩子的情况对症下药。

通过本次交流，使我受益匪浅，感谢各位老师的倾情分享。

【心理干预——主题班会案例】

叛逆并成长着

（一）教学目标

（1）增强学生辨别自己行为对错的能力。

（2）让一些处于或将要进入叛逆期的学生能够体会到父母和老师的良苦用心。

（3）帮助孩子平稳地度过叛逆期。

（二）教学方法

调查问卷、小组讨论、情景再现。

（三）教学过程

1. 课前准备

（1）课前下发青春期叛逆行为调查问卷，了解学生叛逆心理和行为的原因与程度。

（2）与家长沟通，掌握孩子的叛逆行为在家庭中的表现和影响。

2. 活动导入

PPT 出示反馈调查问卷的情况，导入叛逆心理的定义和危害。

3. 进入主题

（1）你如何看待青春期的逆反心理？什么样的行为是叛逆的行为呢？

（2）PPT 出示逆反心理的常见表现。

（3）出示青春期叛逆心理的危害案例并分析。

（4）谈谈自己的烦恼，你最近说过的一句话或一件事影响了你和父母的关系。

小品表演：《别管我》，学生谈感受。

（5）观看视频，说说家长的烦恼，并谈谈自己的感受。

（对这个母亲你想说什么？对这个儿子你想说什么？）

（6）在纸上写一条青春寄语，留下宝贵的记忆，思考如何与父母进行良好的沟通。

（7）小组讨论：如何应对"青春叛逆期"？

如何应对"青春叛逆期"？这是所有学生都绕不开的话题。对于这一问题，同学们积极地讨论，并举手发言，发表自己的看法。其中，有的同学认为要保持冷静，不要冲动；有的同学认为要多体谅父母；也有的同学认为要换位思考；还有的同学认为要多理解父母，多和父母进行交流。之后，主持人从理解、沟通、发散思维、换位思考、把握自我、反思自我、完善自我七个方面进行了小结。

（8）小结：给学生的几点建议（记录下来）。

4.活动总结

让叛逆远离父母的视线，用真诚拥抱青春路上的第一缕阳光，相信自己，打开心灵，放飞梦想。青春路上与父母携手同行！

（四）活动反思

自从到了六年级，孩子突然间彻底叛逆了，学习完全没有积极性。很多家长反映，对孩子不能提学习，一让他去写作业就火冒三丈："学习有什么用，你那么爱学习，你去学呀，反正我不想上学了。"为了给六年级学生的叛逆期指明方向，我特地召开了以"叛逆并成长着"为主题的班会课。

我通过视频以及自身经历，分析学生与家长、老师冲突的原因，让学生与我产生共鸣。学生听得津津有味，细心地做着笔记，并且记录下了自己的感悟。

每个生命都是一个独立的个体，随着年龄的增长，孩子有了自我的意志，有了选择的愿望，有了支配的想法，这一切都是成长必然带来的。但这一阶段的孩子心理又不成熟，所以会跟家长、老师产生一系列的不理解，误会家长、误会老师。通过本节班会课，相信学生一定能理解父母，理解老师，并因此而有所改变。

通过本次班会，相信六（1）班全体同学已经在叛逆期找准了方向，一定能理解父母、理解老师，相信自己并改变自己。

专家点评

　　叛逆是学生必经的一个成长阶段，需要家长和教师携起手来一起努力去改变他们。教师要多鼓励、多理解、多宽容，充分挖掘学生的闪光点，培养学生的自信心。家长要多理解、多包容、多放手、少唠叨，做到身教大于言传。

——青岛铜川路小学　李曙光